내 몸이 기억하는 것

몸에 가득한 문장과 순간

김미진(happywriter), 김수지, 김연우, 이경란
전지적 아아, 차다빈, 홍우주, Jeiya

| 내 몸이 기억하는 것
| 여는 글

"내 몸엔 어떤 문장과 순간이 있을까?"

 우리는 30일 동안 매일, 몸과 신체의 단어들을 마주하며 우리가 느끼는 다양한 감각과 변화를 썼고, 그 이야기를 모아 내 몸이 기억하는 순간과 문장으로 만들었다.

 기억에 새겨진 통증의 얼굴과 출산이 가져온 변화, 우리의 몸과 연결된 세상의 이야기, 그리고 우리를 만든 순간에서 결국 자신을 마주하는 시간, 그리고 몸으로 기억하는 모든 사랑에 관한 이야기가 이 책에 담겼다.

우리는 언제 마지막으로 몸의 말을 들었을까. 언제 마지막으로 몸과 마음의 소리를 기록했을까. 자신에게 사랑한다는 말을 언제 마지막으로 했을까.

매일 던져진 질문에 답하며, 서서히 잊었던 감각들이 깨어났고, 그 이야기가 이 책에 담겼으니, 어쩌면 이 책을 읽는 사람도 각자 느낀 감각의 기억을 만날 것이다. 책을 읽으며 몸에 담긴 문장과 순간을 꼭 발견하길 바란다.

김미진(happywriter), 김수지, 김연우, 이경란
전지적 아아, 차다빈, 홍우주, Jeiya

차례

4	여는 글
8	하이힐 고백록
24	기억의 촉감; 사랑은, 몸으로 기억되는 모든 방식이다.
36	두 번의 출산이 내 몸에 남긴 것들
44	몸에 새겨진 기억, 나를 만든 순간
64	몸의 기록, 나를 마주하다
84	내 몸, 임자를 잘 만나야
100	자연스러운 것이 최고
112	몸, 세상과 잇는 문
133	작가의 말
142	닫는 글

하이힐 고백록

김연우

철학을 전공한 회사원 A이다. 소설 『언젠가 M씨는』, 『집배원』, 시 『여름의 곡선』을 발표했다. 일상과 내면의 아득한 세계를 엮어 이야기로 직조할 때 행복하다.

하이힐 고백록

킬힐.

2025년인 지금에는 잘 사용하지 않는 단어다. 잘 신지 않기 때문이다. 그러나 킬힐, 즉 10cm 이상의 높은 하이힐은 2000년대부터 2010년대까지 흔한 아이템이었다. 2004년까지 방영하던 미국 드라마 〈섹스 앤 더 시티〉에서 캐리 브래드쇼는 마놀로 블라닉, 지미추 등의 높은 하이힐을 즐겨 신었다. 2000년대 한국에서도 가수 서인영을 기점으로 하이힐은 당당하고 도시적인 여성을 상징했다.

고등학생이던 나는 텔레비전 속 여성들이 하이힐을 신고 걷는 모습만 봐도 심장이 뛰었다. 허리를 곧게 펴고 또각또각 굽 소리를 울리며 걸어가는 그 모습이 너무 멋있어 보였다. 어른이 되면 꼭 하이힐을 신겠다고 마음먹었다. 그 기회는 머지않아 찾아왔다. 대학에 입학하자마자 5cm 정도의 힐부터 신기 시작했다. 2학년이 되자 더 높은 굽에 자연스레 눈이 갔다. 뒷굽의 높이와 자신감은 비례했다. 그리고 통증과도 비례했다. 시간이 갈수록 발은 터질 듯했고, 종아리는 욱신거렸다. 하지만 참았다. 아니, 참는 것도 아니었다. 진짜로 괜찮다고 생각했다. 예쁘게 보이는 것만큼 중요한 게 또 있을까? 고통은 아름다움을 누리기 위한 당연한 대가였다.

대학 동기들과 술을 마시던 그날도 9cm 하이힐을 신고 있었다. 계산을 마치고 막 가게를 나가려는데 계단을 내려가다 발끝을 헛디뎌 공중에 몸이 붕 떠올랐다. 순간 아무것도 붙잡을 수 없었다. 발은 그대로 몇 계단이나 건너뛰었고, 몸은 바닥에 내동댕이쳐졌다. 외마디 비명이 터져 나왔다. 오른쪽 발목에서는 뜨끈하고 찌릿한 통증이 순식간에 퍼져나갔다. 친구들의 부축을 받아 천천히 몸을 일으켰다. 술기운 때문이었을까, 이상하게도 그다지 아프지 않았다. 나는 절뚝이며 택시를 타고 집으로 돌아왔다.

다음 날 아침, 침대에서 일어나려는 순간 이상한 기운이 느껴졌다. 오른쪽 발목이 그대로 툭,

힘없이 꺾였다. 나는 바닥에 주저앉았다. '뭐지? 왜 다리에 힘이 안 들어가지?' 발에 힘을 주고 일어나려 애써도 마리오네트 인형처럼 흐느적거리다가 고꾸라질 뿐이었다. 발목을 내려다본 순간 '어?' 소리가 절로 나왔다. '이게 내 발목 맞나?' 가늘었던 발목은 온데간데없고, 동그랗게 부풀어 올라 있었다. 손가락으로 살짝 눌러봤더니 물컹하게 들어갔다 천천히 돌아왔다. 조심스레 발가락을 움직여 봤다. 다행히 다섯 개 모두 움직였다. 하지만 안도감도 잠시였다.

 오른쪽 발목은 꿈쩍도 하지 않았다. 아무리 움직여 보려 해도, 마치 내 명령이 발목까지 닿지 않는 것 같았다. 눈을 부릅뜨고 발목을 노려보았지만, 마치 사물을 응시하는 기분이었다. 이대로 걸을 수 없게 되는 것은 아닌지 하는 오싹한 생각이 순간 스쳤다. 겁에 질린 채, 옷을 챙겨 입고 정형외과로 달려갔다. 정확히는 왼쪽 발로 지탱하여 오른발을 질질 끌며 절뚝이면서 말이다. 가슴 졸이며 결과를 기다리는데, 의사가 엑스레이 사진을 가리키며 말했다.

"인대 세 개가 끊어졌습니다."

 의사는 말을 이어 나갔다.

"늘어난 수준이 아니라, 완전히 끊어졌습니다.

깁스를 하셔야 해요."

 깁스도, 제대로 걸을 수 없는 것도 난생처음이었다. 어제까지의 일상은 이제 불가능해졌고, 일주일에 두 번씩 한 달 넘게 물리치료까지 받아야 했다. 단지 발을 살짝 삐끗했을 뿐인데 이건 너무 가혹하다 싶었다. 일상생활은 불편함의 연속이었다. 등굣길은 평소보다 두 배는 더디고 고통스러웠다. 학교까지는 지하철 열일곱 정거장 거리였으니, 매일 아침이 고통의 시작이었다. 출퇴근 지옥철에서는 발이라도 밟히지 않기 위해 온 신경을 곤두서야만 했다. 손잡이를 잡지 않고는 계단 하나도 제대로 오르내릴 수 없었다. 한 달 반 뒤 깁스를 풀었지만, 여전히 단화밖에 신을 수 없었다. 발목이 예전처럼 자연스럽게 움직이지 않았기 때문이다. 특정한 각도로만 꺾여도 발목이 시큰거렸다. 신발장 안의 하이힐에는 먼지만 쌓여갔다.

 인간은 망각의 동물이라 했던가. 킬힐이 유행의 정점이었을 무렵, 나는 또다시 하이힐의 유혹에 굴복하고 말았다. 하이힐이 주는 아름다움은 부상에도 불구하고 포기할 수 없었나 보다. 결국, 나의 하이힐 사랑은 계속됐다.

 20대 중반, 취업 준비를 시작하며 하이힐은 패

션 아이템을 넘어 필수품이 됐다. 면접용이었던 검은색 7cm 펌프스를 신으면 어깨가 곧게 펴졌고, 목소리도 한 톤 높아지는 듯했다. 그 구두는 당당한 나를 연출하기 위한 일종의 갑옷이었다. 직장에서도 하이힐은 일상이었다. 집에서부터 회사 건물까지, 매일 또각거리는 소리를 내며 출근했다. 퇴근 후 집에 돌아오면 발가락은 새빨갛게 부어올라 있었지만, 그건 당연히 감수해야 할 고통이라고 여겼다. 데이트하거나 친구들을 만날 때, 심지어 마트에 갈 때조차 굽 있는 신발을 고집했다. 굽 없는 신발은 왠지 모르게 대충 차려입은 듯한 느낌을 줘 신경이 쓰였다.

30대에 접어들자, 하이힐의 대가는 서서히 드러났다. 10년 가까이 뒤꿈치를 들고 걸었으니, 몸이 뒤틀린 것도 무리가 아니었다. 한번은 백화점 유리창에 비친 내 모습을 보고 움찔했다. 어깨는 구부정하고 다리는 오(O)자로 심각하게 휘어 있었다. 옆모습은 더 충격적이었다. 골반이 뒤로 빠지고 배는 불룩 나왔고 목은 거북이처럼 굽어 있었다. 그 모습은 전혀 당당해 보이지 않았다. 몸의 불균형 때문이었을까, 왼쪽 무릎에서는 딱! 하는 소리가 나기 시작했다. 계단을 오르내리거나, 스트레칭을 하거나, 무릎을 일정 각도로 굽혔다 펴면 마른 나뭇가지가 부러지는 듯한 소리가 났다. 인대가 끊어졌던 오른쪽 발목도 덜그럭거리기 시작했다. 마치 내 몸이 이제 그만하라고 경고 신호음을 보내는 것만 같았다.

 몸의 변화를 직시한 뒤에도 하이힐을 완전히 포기하기까지는 시간이 걸렸다. 신발장에서 평평한 구두를 꺼내 신으면, 거울 속 9cm나 작아진 내 모습이 어색했고 어쩐지 초라해 보였다. 결국, 중요한 약속이 있는 날에는 여전히 하이힐을 신었다. 그리고 집에 돌아와서는 후회했다. 발가락이 저리고 무릎에서 소리가 날 때마다 '이번이 정말 마지막이야'라고 다짐했지만, 그 다짐은 번번이 무너졌다. 몸이 보내는 신호와 내가 그리는 이상적인 모습 사이에서 나는 오랫동안 갈등하며 흔들렸다.

 교정 스트레칭은 하이힐을 포기하는 것보다 더 혹독한 여정이었다. 겨우 10분 했을 뿐인데 온몸이 욱신거렸다. 틀어진 골반을 제자리로 돌리려니 마디마디가 비명을 질렀고, 짧아진 허벅지 뒤 근육과 아킬레스건은 조금만 펴도 찢어질 듯 아팠다. 하지만 몸은 생각보다 유기적이었다. 한 부분이 바뀌면 다른 부분도 따라 움직였다. 골반이 균형을 찾자 아랫배에 근육이 생겼고, 어깨가

펴지자 목도 곧아졌다. 승모근 통증도 사라졌다. 매일 꾸준히 고통을 참아가며 스트레칭을 했고, 2년 정도가 흐르자 놀랍게도 O자로 휜 다리는 어느새 곧게 펴져 있었다.

나는 진짜 자신감이 무엇인지 깨달았다. 그동안 나는 키가 커 보여야 한다고, 다리가 길어 보여야 한다고, 아름답고 우아해 보여야 한다고 속삭이는 미디어의 목소리에 순종했을 뿐, 정작 내 몸의 목소리는 외면하고 있었다. 진정한 자신감은 몸이 편안할 때 샘솟았다. 발바닥이 땅을 단단히 딛고 서 있을 때, 어깨에 힘이 들어가지 않을 때, 몸도 마음도 비로소 안정되었다. 굽 없는 신발을 신고도 당당하게 걸을 수 있다는 것, 보이지 않는 아픔을 견디지 않아도 된다는 것, 그것이야말로 진정한 해방이었다. 하이힐이 안겨주던 것은 자신감이 아니었다. 그 당당함은 허상이었다. 하이힐로 만들어 낸 가짜 키, 가짜 다리 라인, 가짜 우아함을 버리고 나서야 진짜 나와 마주할 수 있었다.

예전 사진 속에는 10cm가 넘는 킬힐을 신고 환하게 웃는 앳된 내가 있다. 그 해맑은 미소 뒤에 가려진 몸의 고통을, 그때의 나는 알았을까. 미디어가 만들어낸 아름다움의 틀에 자신을 밀어

붙였던 화려하고도 고통스러웠던 그 시간은, 이제 기억 속에만 남았다. 무릎과 발목의 알 수 없는 불편감은 17년이 지난 지금까지도 남아 있다. 마치 내 몸이 과거의 선택을 기억하는 듯이 말이다. 왼쪽 무릎과 오른쪽 발목에서 나는 소리를 들을 때마다, 젊음에 대한 무한한 신뢰가 얼마나 위험한 착각이었는지를 뼈저리게 실감한다.

하이힐의 유행은 지나갔다. 다행이라고 생각한다. 하지만 앞으로 5년, 10년 후에 다시 킬힐이 유행한다고 해도, 그 유행에 휩쓸리지 않을 것이다.

3cm. 내 몸이 정한 새로운 경계선이다. 경사가 있는 구두는 3cm까지만 허용한다. 신발장 구석에 하이힐이 있긴 하지만, 차로 이동해 몇 걸음 걷지 않을 때나, 특별한 모임에 갈 때만 신는다. 한때 수집하던 하이힐은 대부분 버렸고, 새것들은 필요하다는 친구들에게 나눠 주었다. 이는 단순한 물건 정리가 아니었다. 과거의 나를 떠나보내는 의식이었다. 몸에 새겨진 고통의 흔적이, 몸이 속삭이는 진실에 귀 기울이도록 도와주었기 때문이다.

17년 전 그 계단에서 넘어졌을 때는 몰랐다. 그것이 내 몸이 보낸 첫 번째 경고였음을. 하지만 몸은 늘 말하고 있었다. 이제야 듣기 시작했지만 늦지 않았다고 생각한다. 지금도 왼쪽 무릎에서 딱! 소리가 날 때마다, 마음으로 대답한다.

'알겠다고, 기억하고 있다고.'

아작아작, 와작와작, 우두득!

 유독 씹는 감각을 좋아했다. 말캉하기보다는 딱딱한 것, 부드럽기보다는 바삭한 것, 물렁물렁하기보다는 질긴 것을 씹는 느낌 말이다. 어렸을 때부터 사탕은 녹여 먹기보다는 "딱!"하고 깨물어 먹었다. 단단한 사탕이 부서지는 감각은 언제나 짜릿했다.

 어느 날, 퇴근길에 번화가 골목을 지날 때, 골목 사거리 모퉁이에 새로 생긴 세계 과자 할인점이 눈에 들어왔다. 눈길을 끈 것은 옥수수 과자였다. 초등학교 때 불량식품으로 취급되면서도 즐겨 먹던 간식이었다. 딱딱하고 바삭하고 달콤해서 그토록 좋아했던 맛이었다. 추억의 맛을 떠올리며 옥수수 과자 한 봉지를 사서 집으로 돌아왔다.

오자마자 봉지를 뜯어 한 움큼 입속에 넣었다. 입안 가득 퍼지는 옥수수의 구수한 향과 거친 질감, 그리고 와작와작 씹었을 때 전해지는 쾌감에 어린 시절이 고스란히 되살아났다. 노란 알갱이들을 입안 가득 채우고 어금니로 와작와작 씹었다. 그때 "따닥!"하는 소리와 함께 갑자기 잇몸이 감전된 듯했다. 너무 놀라 과자를 세면대에 뱉었다. 혹시 치아가 빠진 건 아닌가 싶었기 때문이다. 하지만 치아는 멀쩡했고 아프지는 않았다. 다음 날, 섞박지를 씹는데 왼쪽 윗어금니 부근에서 위화감이 느껴졌다. 처음엔 대수롭지 않게 여겨졌지만, 시간이 지날수록 아릿한 통증이 밀려왔다. 며칠을 참다가 결국 나는 치과로 향했다.

"어금니가 깨졌어요. 안쪽에서부터 금이 가 있네요."

가슴이 철렁 내려앉았다. 겨우 옥수수 과자에 치아가 깨질 수 있다는 사실에 당혹스러웠다. 서른이라는 나이에 이런 일이 벌어진 것도 받아들이기 어려웠다. 그냥 놔두면 깨진 틈새로 썩는다는 말에, 뿌리 직전까지 깨진 어금니를 상당 부분 갈아내야 했다. 게다가 신경 치료에 치아 형태를 본뜨는 과정까지도 거쳐야만 했다. 몇 개월간은 임시 치아로 견뎌내야 했는데, 식사 중 갑자기 빠지기도 했다. 금니가 완성되어 장착했지만, 높이가 맞지 않아 앙다물 때마다 다른 치아에 닿는 불편함 때문에 또다시 치과에 가야만 했다. 신경 치료부터 최종 조정까지 총 반년이라는 시간이 소요됐다. 평생 몇 차례의 충치 치료 외에는 치과 경험이 거의 없던 내게, 이 모든 과정은 끝이 보이지 않는 터널 같았다.

 씹는 감각은 예전만큼 좋지 않았다. 직장 동료가 견과류를 건네주면 입에 넣기도 전에 '우두둑' 소리가 귓가에 맴돌았다. 좋아하던 게장 앞에서도 망설였다. 얼음이나 사탕을 아작아작 씹는 상상만으로도 움찔했다. 편의점에서 주저 없이 집어 들던 말린 오징어 앞에서 손이 머뭇거렸다. 한때 즐겨 먹던 바삭하고 단단한 식감의 음식들은 내 식탁에서 사라져 갔다.

 어금니도 예전 같지 않았다. 금니를 박은 어금니와 앞어금니 사이가 미묘하게 뒤틀려, 그 틈새로 음식물이 끊임없이 파고들었다. 혀끝으로 자꾸 그 자리를 건드리고, 집중이 안 될 정도로 신경이 쓰여 매번 치실을 갖고 화장실로 향했다. 고깃덩이라도 끼는 날에는 콧구멍에 호두를 밀어 넣은 듯한 심한 압박감 때문에 바깥에서라도 치실을 해야 했다. 이쑤시개를 사용하는 아저씨

들의 심정까지 이해될 지경이었다. 피곤한 날이면 아무 이유 없이 왼쪽 어금니와 잇몸이 욱신거렸다.

'요즘 치과 기술 좋다던데 뭐.'라고 했지만, 막상 겪어보니 그게 아니었다. 멀쩡한 치아의 소중함을 깨달은 이후 생활은 완전히 뒤바뀌었다. 치실은 파우치 속 필수 아이템으로 자리 잡았다. 집에서도 식사를 마치면 화장실로 향한다. 양치할 때는 구강 세정기부터 시작해서 일반 칫솔, 어금니 칫솔, 그리고 치실까지 총동원된다. 예전에 3분이면 끝났던 양치가 이제는 10분도 모자라다. 귀찮아 죽겠다고 투덜대면서도 내일도 똑같이 할 것이다. 건너뛰면 어딘가 찝찝하고 불안하다. 치아 관리는 이제 나를 돌보는 섬세하고도 중요한 의식이 됐다.

가끔은 이런 상상마저 한다. '치아가 다이아몬드로 되어 있다면 얼마나 좋을까. 치과 갈 일도 없고, 평생 충치 걱정 없이 살 수 있을 텐데. 지구에서 가장 단단한 물질이니 무엇을 씹어도 부서지는 일이 없겠지. 오징어든, 오돌뼈든, 심지어 돌멩이까지도 자유롭게 씹어 낼 수 있다니!' 상상만으로도 속이 시원했다. 웃을 때마다 햇빛에 반짝거리는 다이아몬드 치아를 떠올려 보니 왠지 멋있을 것 같기도 했다.

하지만 완벽함보다는 결함에서 더 많은 것을 배운다. 깨진 어금니 덕분에 나는 온전한 치아에 감사했고, 음식을 조심스럽게 그리고 천천히 음미하게 됐다. 철저한 양치 습관으로 치과에 가는 일도 없었다. 전신 마취 수술을 받았을 때보다 깨진 어금니의 미세한 틈이 내 일상에 더 또렷한 흔적을 남겼다는 사실이 새삼 신기하기도 하다. 옥수수 과자 한 봉지가 가져온 깨달음은 삶의 일부가 되었다. 때로는 무언가가 부서져야만 새로운 것이 싹트기도 하는 법이다.

이제는 안다. 가장 작은 균열에서 가장 큰 변화가 시작될 수 있음을.

몸에 가득한 문장과 순간

기억의 촉감; 사랑은, 몸으로
기억되는 모든 방식이다.

홍우주

몸을 통과한 순간들로 나를 둘러싼 세상을 기억하고 싶다. 일상의 작고 사적인 감각들을 몸으로 새기며, 사랑과 삶의 단면을 천천히 엮어낸다.

그의 속눈썹은 정말 길었다. 어딘가를 멍하니 바라보던 그 모습이 내 마음에 조용히 스며들었다. 나도 모르게 숨을 죽이고 그를 바라보았다. 깜빡, 감았다 뜨는 그의 눈을 따라가다 문득 생각했다. '그의 속눈썹이 저렇게도 길었던가?' 그날, 나는 알아버렸다. '지금부터 난 너의 속눈썹을 셀 거야'라는 노랫말의 의미를. 속눈썹에 홀린 사람처럼, 나는 그를 바라보았다. 그날 이후로 세상의 어떤 장면에서도 그의 속눈썹이 먼저 떠올랐다. 멍하니 어딘가를 바라볼 때도, 문득 나와 눈이 마주쳐 해사하게 웃을 때도, 늘 그 속눈썹이 먼저 나와서 인사를 건넸다. 가까운 제 눈썹은 못 본다더니, 이제서야 나는 그의 속눈썹을 보게 되었다. 속눈썹을 센다는 건 굉장히 낭만적이면서도, 어쩌면 지나치게 외설적인 행위였다. 윙윙, 귀가에 노래가 맴돌았다. 빨라진 내 호흡을 아는 듯 모르는 듯, 그는 그냥 활짝 웃었다.

 거울 앞에 선 그는 가끔 자기 속눈썹을 내려다보았다. 바람에 흔들리기도 전에, 그의 속눈썹은 내 마음부터 흔들어 놓았다. 그의 눈을 본다는 건, 그 끝에 자리한 속눈썹을 먼저 통과해야 하는 일이었다. 짧고 가지런하게 자란 속눈썹이

지만, 그에 드리워진 그림자조차도 오래도록 기억에 남았다. 나는 그 섬세한 그림자를 다시 보고 싶어, 그를 더 자주 바라보게 되었는지도 모른다. 창가에 앉아 하늘을 올려다보던 그의 시선 끝에는, 바람보다 먼저 도착한 생각들이 머물렀다. 말없이 창밖을 바라보던 그의 얼굴은 늘 조용했고, 그 고요함 속에는 닿지 못한 마음들이 숨어 있었다. 나는 그의 모습을 붙잡고 한참 그 자리에 멈춰 있었다. 그의 눈이 천천히 닫히고, 다시 열리는 그 짧은 시간 동안 내 마음도 쿵, 내려가고, 쿵, 올라왔다. 그건 다 그의 탓이다. 속눈썹이 너무 길었던 탓이다. 그렇지 않았다면 나는 이렇게 오래 그를 바라보지 않았을 것이다. 나는 그의 속눈썹의 떨림에 오래도록 머물렀다.

그를 처음 마주한 건 시험기간의 도서관이었다. 클리셰라는 건 그 이유가 있다. 나는 그 클리셰 한가운데로 걸어 들어간 주인공이 되어버렸다. 책장 너머로 스치는 시선 사이, 조용히 앉아 있던 그의 모습이 가장 먼저 눈에 들어왔다. 연필을 쥔 손이 책장을 넘기고, 다시 머리를 쓸어 넘겼다. 책상에 앉아 있는 그의 모든 움직임이 무언가를 기다리는 것처럼 보여서, 나는 괜히 기대했다. 그가 누군가를 기다리고 있다면, 그게 나였으면 좋겠다고. 도서관 대각선 너머, 책장 사이로 그를 바라보는 일이 익숙해질수록 이상한 감정이 자라났다. 눈이 마주칠까 두려우면서도, 동시에 마주치기를 바라는 마음. 몇 번의 엇갈림 끝에 결국 그의 시선이 나를 붙잡았을 때, 나는 그저 입을 꾹 다물 수밖에 없었다. 아무 말도 하지 못한 채, 애꿎은 입술만 앙다물고 있을 때 그가 먼저 눈인사를 건넸다. 그 웃음은 어딘가 불공평하게 환했다. 반칙처럼, 쿵, 쿵. 요동치는 마음과 어색하게 움직이는 몸을 뒤로 한 채, 내가 할 수 있는 건 살짝 웃는 것뿐이었다. 사랑은 가장 먼저 흔들리기 좋은 곳부터 건드렸다. 어쩌면 날마다 미리 움직이던 곳, 심장은 속절없이 반응했다. 그날 이후 나는 도서관에서 공부에 집중하는 척, 그를 훔쳐보는 연습을 했다. 페이지를 넘기는 속도, 연필을 쥔 손의 각도, 사각사각 메모를 남기는 손끝의 떨림까지. 그런 사소한 움직임을 좇으며 나의 시선은 그의 하루 속으로 천천히 스며들었다. 머릿속은 늘 그로 가득 찼고, 그를 닮은 글자 하나에도 심장이 요동쳤다.

전하지 못한 고백은 내 안에서 수천 번도 넘게

피어났다 사라졌다. 그가 웃을 때, 그가 기침할 때, 그가 커피를 마실 때, 그가 나를 바라볼 때. 나는 매 순간마다 조용히 마음속에서 고백을 꺼냈고, 다시 그 고백을 마음속으로 집어넣었다. 심장에 쌓여버린 진심은 점점 더 무거워졌고, 어느새인가 그를 만날 때마다 그 무게가 울림이 되어 퍼졌다. 나는 그 신호를, '너를 향한 고백'이라 불렀다. 입술로는 꺼내지 못한 고백이 눈을 따라 발끝까지 울렸다. "좋아해, 너를." 몇 번을 입으로 말하고 연습했지만, 매번 그 앞에만 서면 입은 무슨 무거운 자물쇠를 잠근 것마냥 달싹이다 차마 열지 못했다. 거울 앞에서, 지하철에서, 밤하늘을 보며 수없이 많은 고백을 혼잣말처럼 내뱉었다. 닿지 못한 말은 입안을 맴돌다 허공으로 흩어졌다. 그렇게 흩어진 나의 고백이 벚꽃잎이 바람에 흩날리듯 그의 손에 꽃잎으로 내려앉기를 바랬다. 그리고 언젠가 그 꽃잎을 받아 든 그가 그 꽃잎이 내 고백임을 알아채기를. 그렇게 나는 조용히, 끊임없이 그를 향해 말했다. 말하고 싶은 고백은 결국 입 밖으로 나가지 못했다. 봄날의 무심한 바람마저 내 편이 되길 바라던 나날들. 그럼에도 그 꽃잎이 그의 손에 닿기까지는 생각보다 머지않은 날이 남아있었다.

꽃샘추위가 기승을 부리던 봄날, 물을 담뿍 먹은 솜처럼 모든 게 내려앉고 있었다. 나는 혼자 들어가겠다고 몇 번이나 말했지만, 그는 끝끝내 나를 데려다주겠다고 했다. "괜찮아? 얼굴 완전 빨개." 그는 내 얼굴을 걱정하며 십수 번을 물었다. 볼에 닿은 그의 손이 두근거려 얼굴은 더욱 달아오르기만 했다. 볼에 닿은 손끝이 너무 차가워서, 나는 나도 모르게 눈을 꼭 감고 말았다. 그 닿음이 이토록 나를 사정없이 흔드는 것이 이상했고, 윙윙 맴도는 열기는 이상하게 단내가 났다. 그는 이마를 조심스레 내 이마에 갖다 댔다. 그곳에서 쿵쿵, 심장이 뛰었다. 그 심장 소리가 내 소리인지 그의 소리인지 알 수 없었다. 고동, 두근거림, 침묵 사이의 떨림. 그는 순간 놀란 듯 눈을 깜빡이며 이마를 뗐다. 어쩐지 그의 볼이 조금 빨간 것 같아 나는 웃으며 말했다. "이제 볼은 나만 빨간 게 아니네." 그는 알 수 없는 단어들만 중얼거리다 허둥지둥 어딘가로 뛰어갔다.

그가 떠난 자리에 조용히 남은 나는, 그의 이마가 닿았던 자리를 손끝으로 더듬었다. 미지근하게 남은 체온과, 그보다 더 깊게 남은 온기를 천천히 쓸어내렸다. 거기엔, 체온보다 더 선명한 무언가가 남아 있었다. 감정이, 마음이, 작은 흔적처럼. 그 자리를 쓰다듬으며 나는 그를 기다렸다. 어쩌면 사랑은 체온으로도 남는다는 사실을 그때 어렴풋이 알았는지도 모른다. 잠시 후 그가 헐떡이며 돌아왔다. 손엔 따뜻한 캔 음료와 감기약이 들려 있었다. 말없이 약을 받아 든 나는 그를 바라보다가, 그가 건네준 음료를 조심스레 입에 댔다. 온기가 목을 타고 내려가는 길, 이상하게도 심장이 먼저 반응했다. 그 길마다 심장이 쿵쿵, 그를 품은 것만 같이 뛰었다. 그 순간이 너무 선명해서, 지금도 나는 종종 이유 없이 이마를 만져본다. 이마 너머의 감정, 그날의 체온, 숨결이 여전히 그 자리에 남아있는 것처럼 느껴져서.

"아, 취한다." 어느 저녁, 술기운을 핑계 삼아 그의 어깨에 기대었던 날. 그 말은 반쯤은 농담이었고, 반쯤은 진심이었다. 버틸 수 있을 만큼만 취했지만, 그럼에도 그의 어깨에 기대고 싶어서 괜히 한 번 더 꺼내본 말. 그에게 기대고 싶은 마음이 유난히도 컸던 날이었다. 나는 조심스레 그의 어깨에 몸을 기댔다. 그날은 이상하게도 마음이 무거우면서도 가벼웠다. 어쩌면 그도, 내가 그의 어깨에 기대기를 바랐는지도 모르겠다. 기댄 머리가 그의 어깨에 닿았을 때, 나는 터질 듯한 감정에 눈을 감았다. 그 감정은 말로 표현할 수 없었고, 숨처럼 스며들어 몸속 어딘가에서 조용히 울렸다. 열기만이 남아 있던 그 순간, 선선한 바람이 휙 불었다. 그 바람이 발그레 달아오른 내 볼을 식히고, 그의 달뜬 마음도 조금은 가라앉게 했는지도 모른다. 그에게 기대고 있는 내 머리가 어쩌면 터질 것만 같아서, 그래서일까, 그 바람이 더 간절했던 것 같다. 그리고 문득 깨달았다. 기대고 싶은 마음은 결국, 그의 어깨의 든든함을 믿고 싶은 마음이라는 걸.

그날이었을까, 그가 고백을 다짐하게 된 날이. 나도 모르게 그의 어깨에 기대 잠이 스르륵 들던 순간, 그는 내 손을 잡았다. 그의 손이 조용히 내 손을 감싸고, 손바닥 안에서 별이 터졌다. 잠은 어느샌가 도망가 버리고, 온몸에서 쿵쿵, 신호가 울렸다. 심장이 뛴다고 생각했는데, 그 고동은 손끝을 타고 온몸으로 퍼져나갔다. 손바닥 안에 별이 조용히, 그러나 분명하게 터졌다. 눈을 감으면 아직도 그 반짝거림이 간지러울 정도다. 조금은 부끄럽지만, 그 반짝임이 생생히 남아 있는 이 손을 놓고 싶지 않아 살짝 힘을 주어 그의 손을 잡았다. 그리고 그 순간, 꽉 잡힌 그의 손에서도 고동이 느껴지는 것만 같았다. 마음은 입 밖으로 나오지 않았지만, 그날 우리는 서로의 손에서 사랑을 건네받았는지도 모른다.

 모든 순간이 그의 몸에서, 그리고 나의 몸으로 되살아났다. 시간이 아무리 흘러도, 그 감각은 쉽게 사라지지 않았다. 다시 기억하는 데에는 큰 노력이 들지 않는다. 눈을 감으면 그의 속눈썹이 떠오르고, 그 아래에 깃든 그림자까지 또렷하게 되살아난다. 손바닥에는 아직도 별이 터지던 그날의 두근거림이 남아 있고, 바람이 불면 그의 이마에 닿았던 따뜻한 체온이 떠오른다. 혼자 걷는 저녁 길엔, 어느 순간 문득, 그의 손이 내 손을 감싸던 감촉이 다시 살아난다. 몸은 잊지 않는다. 말로 전하지 못했던 감정들, 입술 끝에서 삼켜진 고백들, 그 모든 것이 결국 몸의 어딘가에 남는다. 그것은 심장일 수도 있고, 손끝일 수도 있고, 아주 사소한 온기나 냄새, 움직임의 잔상일지도 모른다. 사랑은 결국, 그 모든 자리에 스며들어 존재한다. 그는 나의 눈동자 안에도, 숨소리 안에도, 침묵 속에도 있었다. 나는 그 사실을 나중에야 알았다. 잊으려 해도 잊히지 않는 것이 아니라, 애초에 내 몸 어딘가에 너무 깊이 스며 있었다.

그날 이후, 나는 가끔 문득 그를 떠올리곤 한다. 누군가의 눈동자를 바라볼 때, 이마를 스치는 손길 하나에, 따뜻한 열기에, 누군가가 조잘대는 저녁의 벤치에서도 모두 그를 불러온다. 그가 없는 공간에도 그는 있다. 그는 사라지지 않았다. 다만 나의 몸속 어딘가에 조용히 머물고 있을 뿐이다. 나는 이제 안다. 사랑은 커다란 사건으로 다가오지 않는다. 그것은 천천히, 아주 천천히 몸을 따라 스며드는 감정이다. 속눈썹, 시선의 끝, 입술 끝, 이마와 어깨, 손바닥까지, 그는 나를 지나갔고, 나는 내 몸으로 그를 기억하게 되었다. 그러니 이 말이, 어쩌면 내가 할 수 있는 가장 진실한 고백일지도 모른다.

사랑은, 몸으로 기억되는 모든 방식이다.

그래서 나는 지금도 이렇게 쓴다. 잊지 않기 위해. 아니, 어쩌면 계속 사랑하고 있다는 걸, 나 자신에게조차 들키지 않기 위해. 그리하여 이 문장은 또 하나의 고백이 된다. 말하지 못한 사랑을 대신하는, 조용하지만 확실한 고백. 몸이 기억하고 있다는 건, 아직 사랑하고 있다는 뜻이니까.

몸에 가득한 문장과 순간

두 번의 출산이 내 몸에 남긴 것들

김수지

해병대 군인으로 복무한 뒤 전역하여, 현재는 두 아이의 엄마이자 한 가정의 아내로서 새로운 삶에 도전하고 있다. 일상 속 느끼는 감정과 경험을 진솔하게 글로 쓴다.

어느 날 갑자기 거울에 비친 나의 몸을 들여다보며 생각했다. "나 왜 이렇게 뚱뚱해? 얼굴은 왜 이렇게 주름이 많고 칙칙한 거야." 출산하기 전에는 내 몸에 대해 그리 깊이 관찰한 적이 없었다. 아침마다 옷을 입으며 스트레스받는 일도, 거울을 보며 자책하는 일도 없었으니 말이다. 두 번의 출산을 겪고서야 내 몸이 얼마나 많은 일을 해냈는지 하나하나 새롭게 보였다. 몸이 부서지는 듯한 통증 속에서도 아이를 안고 있을 때, 이상하게도 눈물이 났다. 아픈 것이 아니라, 내가 무엇인가를 해냈다는 울컥한 감정이었다. 이러한 감정 속에서 예전과 달라진 모습에 낯설기만 했다. 볼록해진 허리 곡선과 늘어진 뱃살, 힘없이 처지는 가슴, 비가 올 때면 온몸이 쑤시는 고통, 조금만 무리해도 아픈 관절, 이 모든 것이 누군가에게 흔적이 되거나 상처가 되기도 한다. 하지만 나는 내 몸이 나를 잃게 한 것이 아니라 나를 더 깊이 만나게 해준 통로였다고 생각한다.

첫 아이를 품었을 때 나는 내가 더 단단해지는 줄 알았다. 그러나 아이가 자랄수록 내 몸은 조금씩 느슨해지고 마음은 자꾸 울렁거렸다. 출산이란 나에게 행복하면서도 낯선 일이었다. 배는 쉽게 가라앉지 않고, 잠을 편하게 잘 수 없어 매일 피곤한 하루였다. 모유 수유로 부푼 가슴이 아프고, 손목과 허리통증으로 보호대 없이는 아이를 돌보기 힘들 정도였다. 자연분만이라 회복이 빨라 괜찮을 거라고 생각하는 사람들이 대부분이지만, 병원이 아닌 집에서 진짜 산후가 시작이었다. 젖을 물고 있는 아이를 보면 이 세상을 다 가진 것 같은 느낌이 들다가도 갑자기 우울해지고, 우는 아이를 업고 밥을 먹는 내 모습을 보며 울컥함이 밀려왔다. 내가 '엄마'가 되어야 한다는 사실이 두려웠다. '엄마'라는 말이 나에겐 너무 무겁게만 느껴졌다. 하지만 곤히 잠들어 있는 아이를 바라보니, 이렇게 예쁜 아이를 키우며 매년 성장하는 모습을 바라볼 수 있다는 게 감사하고 내가 아이의 엄마라는 게 너무 기쁜 감정이 들었다. 모성은 어느 날 갑자기 솟구치는 게 아니라 나의 몸을 따라가며 천천히 엄마가 되어가고 있었다.

 두 번째 임신 소식은 마음 깊이 조용히 내려앉았다. 한 번 겪어본 만큼, 이번엔 좀 더 수월하겠지 싶었다. 하지만 첫째를 돌보며 보내는 하루가 힘들고, 아직 회복되지 못한 몸으로 또 하나의 생명을 품었기에 몸은 이전보다 훨씬 더 빠르게 무너졌다. 몸은 무겁고 허리는 이유 없이 아팠다. 마음도 지쳐갔다. '둘째 때는 산후조리를 잘할 거야.'라고 생각했지만, 뜻대로 되지 않았다. 군 복무 중인 남편은 섬에서 근무하고 있어서 나는 시댁에서 출산을 준비할 수밖에 없었다. 유도 분만 날짜에 맞춰 남편이 휴가를 나왔지만, 상황은 계획대로 흘러가지 않았다. 내가 코로나에 걸려 출산 일정이 미뤄진 것이다. 남편은 출산 2일 후 복귀 예정이라 나는 산후조리를 포기해야 했다. 출산 후 산후조리를 잘하지 못했던 탓일까, 첫째 때보다 회복은 빨랐지만, 온몸이 쑤시고 몸은 지칠 대로 지쳐 말을 듣지 않았다. 시댁의 도움에도 불구하고 아이들을 보는 게 버거웠다. 두 아이를 돌보며 '나' 자신을 돌볼 시간조차 없어서 거울을 볼 때마다 화장기 없고 칙칙한 얼굴, 볼록한 배를 보며 이게 정말 나의 모습이 맞는지 낯설기만 했다.

나는 변화된 몸을 보면서 자신감을 잃어갔다. 자고 일어나면 퉁퉁 부어있는 손과 발, 삼단으로 접혀있는 뱃살을 거울 보며 자책하다가 '아니야, 나는 두 번이나 출산했으니까 지금 나의 몸은 당연히 부어있는 게 맞아.'라고 합리화를 시키며 하루를 보냈다. 하지만 마음 한편에는 예전의 건강하고 예쁜 모습을 그리워했다. 살이 쉽게 빠지고 얼굴에 탄력이 넘치고 체력도 좋았던, 무엇을 해도 예뻤던 그 시절이 그리워 마음이 우울해지던 날들이 많았다. 둘째를 출산한 후 몸에 많은 변화가 온 것 같다고 느꼈던 날은 생리 기간 때였다. 첫째 출산 후에 생리가 다시 시작했을 땐 출산 전과 같은 생리량이 나왔는데, 둘째를 출산하고 생리가 시작됐을 때는 양도 적고 갈색 냉만 지속되는 느낌이었다. 자궁에 문제가 있나 싶어 산부인과 진료를 받으러 갔었다. 기존에 있던 자궁 근종의 크기가 커진 건 아닐까 걱정이 되는 마음으로 병원으로 향했다. 그런데 진료에서 갑자기 난소에 혹이 생겼다고 들었을 때 나는 당혹스러움을 감출 수 없었다. 정말 내 몸에 이상이 생긴 것 같은 느낌이 들었다. 의사 선생님께서는 물혹일 수도 있으니 3개월 뒤 생리가 끝나면 재진료하기를 권하셨다. 물혹이 없어지지 않고 그대로 있으면 조직검사를 해봐야 한다고 하셨다. 의사 선생님의 말씀에 나는 멍해지면서 슬픈 감정이 올라왔다. 내가 건강 관리를 얼마나 소홀히 했으면, 자궁 근종과 난소에 물혹까지 생긴 건가 하는 생각에 스스로를 자책했고, 그런 내 모습을 보던 남편은 지금부터라도 건강 관리를 하자며 나를 다독여주었다. 하지만 '왜 나만 이런 걸까?'라는 생각에 사로잡혀, 우울감에서 좀처럼 빠져나올 수 없었다. 정작 이런 상황을 만든 건 바로 나 자신인 줄 모르고, 계속되는 우울감에 스트레스받을 때마다 음식과 술로 대부분을 보냈다. 그러자 내 몸은 더 나빠지기 시작했고 살은 계속 쪘다. 그러던 어느 날 나는 남편에게 물었다. "지금 내 모습 어때? 뚱뚱해서 안 예쁘지, 매력 없지?" 남편은 대답했다. "나는 지금의 너의 모습을 사랑해. 살이 쪄도 너는 너야, 다만 너의 건강이 걱정될 뿐이야. 지금도 충분히 예뻐."라고. 남편의 말에 나는 다시 나에 대해 생각했다. 나는 왜 정신을 못 차리고 내 몸을 더 힘들게 하고 있었을까.

 운동은 늘 버거웠고, 맛있는 음식은 쉽게 포기할 수 없었다. 그렇게 나를 돌보지 못한 채, 날씬한 지인들을 부러워하며 내 몸을 탓하고 자책을 반복하는 일상에서 더는 그런 나를 마주하고 싶지 않았다. 이제라도 나는 나에게 집중하고 내 몸을 보다 사랑하며 더욱 소중히 돌보아야겠다고 다짐했다.

출산 전과 후의 내 몸은 다르지만, 아이들을 돌보며 틈새 운동을 하고 건강한 음식들을 먹으며 내 몸을 조금씩 회복하고 있다. 첫째와 둘째 어린이집 등원 후 집 주변을 산책하며 오롯이 나에게 집중하는 시간을 가지면서 하루의 계획을 짜고, 하원 후에는 아이들과 함께 뛰어다니며 땀을 흘리고, 즐거운 음악을 들으며 음식을 하고, 그렇게 나는 나를 다시 안아줄 수 있게 되었다. 예전에는 움직이기도 귀찮고 힘들었던 내가 지금은 하루에 만 보 걷기 목표로 열심히 운동하고 매일 피곤해 낮잠만 잤던 시간에 움직여보려고 노력하며 새로운 나를 찾아가고 있다. 그러면서 내 몸은 무너진 게 아니라 기적을 통과해 살아남은 증거였다는 것을 깨달았다.

출산 후, 몸은 계속 변했고 마음도 새로워졌다. 그러나 나는 그런 변화 속에서 더 단단해졌고 내 몸은 많은 이야기를 품게 됐다. 엄마가 된다는 건, 단지 아이를 낳는 일만이 아니라 매일 같이 흔들리는 마음을 다독이고 낯선 몸을 껴안으며 다시 '나'로 살아가는 여정이었다. 여전히 거울 속의 나는 낯설고 예전의 모습이 그리울 때도 있지만 이제는 그 낯선 모습마저도 사랑하려고 한다. 남편, 그리고 두 아이와 함께 울고 웃는 하루하루 속에서 나는 더 이상 예전의 나를 그리워하지 않는다. 아이가 갑자기 "엄마 사랑해!"하며 내 볼에 뽀뽀해 주거나, 숨겨둔 과자를 찾아내 함께 나눠 먹자고 웃는 모습에 마음이 녹고, 남편은 늘 자상한 눈빛으로 나와 아이들을 바라보며 가족을 위해 묵묵히 최선을 다한다. 그런 순간들이 모여 지금의 나를 단단하게 만들어준다. 이 평범한 하루들이 가장 찬란한 선물임을 느낀다. 나의 몸은 약해진 것이 아니라, 누군가를 품어낸 강인함의 기록이다. 지금은 이 몸과 마음 그리고 내 삶이 내가 사랑할 수 있는 단 하나라는 것을 알기에 이제 나의 몸을 아껴주고 싶다. 지금 이 몸 그대로 충분히 빛나는 나라는 것을 알기 때문이다.

몸에 새겨진 기억, 나를 만든 순간

차다빈

삶의 감정을 천천히 기록하며 내면의 결을 문장으로 다듬는 작가다. 지나온 시간 속 놓치거나 눌러둔 감정들을 솔직하게 바라보며, 글을 통해 나를 이해하고 사랑한다.

사람의 성격은 자라온 환경에 따라 다르게 만들어진다. 나는 지금, 어느 쪽에 가까운 사람일까. 30일 동안 내 몸을 바라보며 나라는 존재를 조금 더 이해하고 싶었다. 살아오며 쌓인 기억은 몸에 남아 있고, 그 흔적은 지금의 나를 이룬다. 몸을 통해 기억을 읽고, 그 기억을 통해 나를 다시 조각해 본다.

조각_ 새겨진 기억

　나는 머릿속에 여러 개의 서랍을 만들어놓고 기억을 나눠 담는다. 어떤 건 깊숙이 감춰두고, 어떤 건 자주 꺼내 들여다본다. 기억은 마치 감정의 한 조각 같다. 하나를 꺼내면, 그때의 기분이 따라온다. 기억은 머리에서 피어나 가슴으로 퍼진다. 특히 우울한 기억은 다시 꺼내보기 힘든 감정으로 남아서 서랍 깊은 곳에 넣어두고 먼지가 겹겹이 쌓이게 둔다. 그리고 먼지가 쌓인 물건처럼, 시간이 지나면 지날수록 꺼내기가 더 조심스러워진다. 하지만 오늘, 그 먼지를 털어본다.

　초등학교 3학년. '죽음'이란 단어가 무엇인지도 모르는 나이에, 엄마를 떠나보냈다. 눈물은 나지 않았다. 죽음을 모르는 나는 '애도'가 뭔지도 몰랐다. 다만, 안치실에서의 냉기 가득한 엄마의 마지막 모습과 화장터의 열기, 그리고 엄마와 웃었던 날은 기억에 선명하다.

종종 사람들은 내게 "어린 나이에 엄마 없이 힘들었겠네."라는 말과 측은한 눈빛을 함께 보냈다. 그런데 솔직히 말하면, 위로받을 만큼 힘들지는 않았다. 엄마와 사랑을 주고받았던 기억이 남아 있을뿐더러 항상 옆에는 나를 지켜주던 할머니 그리고 고모와 고모부가 있어서 그랬다.

어느날, 아빠가 아파트 팜플렛을 보여주며 말했다.
"우리 제주도로 이사 갈까?"
내가 물었다.
"그럼, 우리 전학 가?"
이어서 아빠는 전학을 가기 싫으냐고 물었고, 나는 좋다고 했다.
"왜? 지금 학교에서 친구들이 괴롭혀?"
걱정스러운 눈빛으로 물었지만, 순진한 나는 아빠의 마음을 모른 채 대답했다.
"응. 애들이 엄마 없다고, 나보고 고아라면서 놀려."

"……애들이 그렇게 말했어?"
"응."
"그렇구나. 제주도로 전학 갈까?"
"응! 전학 갈래."

이때 아빠의 떨리는 두 눈 뒤로 많은 감정이 스쳐 지나갔다. 그리고 나는 잠시간 흐른 정적의 의미를 시간이 지나고서야 알았다.

아내와의 갑작스러운 사별로 셋이나 되는 자식을 홀로 키워야 한다는 부담감도, 자식이 놀림을 받는다는 말도 큰 짐이었을 아빠는 우리를 제주도로 보내기로 결심했다. 그리고 직장을 옮길 수 없었던 아빠는 할머니와 고모, 고모부의 손에 우리를 맡겼다. 그렇게 아빠를 떠났다.

할머니와 고모, 고모부의 보호 아래 청소년기를 무사히 넘겼다. 하지만, 할머니는 우리를 완벽하게 키우고 싶어 했고, 다른 사람들의 눈에 부족하게 보이면 어떡하나 걱정이 많으셨다. 그래서 할머니의 설교 끝에는 항상 "고모, 고모부한테 감사하는 마음으로 지내고, 버릇없이 굴지 말고 나 하나 더 갖겠다고 욕심부리지 말고 베풀면서 살아야 한다."와 함께 "엄마 없는 티가 나지 않아야 한다." 이 말을 주문처럼 덧붙였다. 그리고 커가면서 '엄마 없는 티' 이 말은 나를 두렵게 하는 말이 되었다.

어느 날, 가장 친한 친구가 말했다.

"쟤는 엄마 없대. 불쌍해. 근데, 왠지 엄마가 없을 것 같았어."

그 말을 듣고 순간 어깨를 떨었다. 그리고 궁금했다.

"왜?"

"그냥, 하는 행동이 이상하잖아."

그냥이라는 말에 뭣 모르고 하는 소리구나 싶었다. 하지만, 이유 없는 이유에 그날로 나는 다짐했다. '절대 알게 두지 않을 거야. 비밀로 해야지.' 가장 친한 친구임에도 불구하고, 나의 오점을 알게 둘 수는 없었다. 그때부터 아무렇지 않던 엄마의 빈자리는 감출 수밖에 없는 약점이 되었다. 그리고 자연스레 엄마와의 기억은 머릿속 서랍 깊은 곳으로 밀려났다.

나와 가족 모두의 마음은 돌을 던지면 쉽게 일렁일 물웅덩이라서 평소에는 그 누구도 뜬금없이 엄마 얘기를 꺼내지 않았다. 각자의 마음에 슬픈 감정을 일렁이게 하고 싶지 않았다. 그저 매년 한 번, 제사를 준비하며 엄마의 빈자리를 그리워했다. 그래도 어쩌다 한 번, 할머니는 마음의 빈공간이 더 이상 없을 때는 눈물을 흘리며 엄마와의 추억을 꺼냈다. 그때마다 나를 보는 눈동자는 슬프고 안타까웠다. 하지만, 나는 그 시선을 외면했다. 그리운 감정에 갇히면 스스로를 불쌍히 여길 것 같아서, 휩쓸리기 싫었다. 그런데도, 문득문득 지난 사랑은 떠올랐고 지금의 사랑과 비교하고 저울질했다.

 엄마가 있던 시절, 온 가족의 금지옥엽이었던 나는 원하는 건 대부분 가질 수 있었다. 하지만 엄마가 떠난 뒤, 내 자리는 달라졌다. 맛있는 반찬은 내 손에서 멀었고, 주어진 양은 적었다. 그렇게 사랑을 잃은 뒤, 욕심이 많아졌다. 그 욕심은 소유욕이 되었고, 내 것과 남의 것을 철저히 나눴다. 모든 것에 선을 그었다. 대가족 안에서 내 몫을 챙기는 건 정말 치열했다. 완전한 내 몫은 없고, 모든 걸 나누고 할머니의 설교처럼 배려와 양보는 당연했다. 가족 전체의 안녕이 내 마음보다 중요했다. 욕심과 배려 사이에서 매번 갈등하고, 감정을 억눌렀다. 더 이상의 완벽한 사랑은 느낄 수 없었다.

 그렇게 환경은 나를 바꿔놓았다. 자유롭던 성격은 신중해졌고, 감정보단 이성적으로 생각했다. 나는 내 감정을 내 안에 묻었고, 그렇게 살아

남았다. 결국 그 시절의 기억은 아픔과 단단함으로 남아 나를 이루었다.

 이제는 안다. 나는 충분한 보살핌과 사랑을 받았다는걸. 법처럼 느껴졌던 가족의 규칙들이, 결국 나라는 사람을 올바르게 자랄 수 있게 삶을 가르쳐준 방식이란 것도. 그 어린 날 몰랐던 '죽음'과 '사랑', 지금은 그 기억을 조심스레 서랍에서 꺼내, 내 안을 들여다본다.

감상_ 관계의 감정

 나는 평소에 눈을 바쁘게 움직이며 주위를 관찰하고 동시에 사람들의 감정과 행동을 파악하는 게 익숙하다. 그래서인지 사람들은 종종 나를 눈치 빠른 사람이라 말한다. 최근에는 평소와 다르게 바빠 보이는 상대에게 알은 채를 하며 물었다.
"오늘은 일찍 퇴근할 예정인가 봐요."
 그분이 웃으며 말했다.
"눈치가 9단이네, 근데 10단까지 가지 마."
 이 말을 듣고 9단은 센스지만, 10단은 참견일 수 있다는 생각이 문득 떠올랐다. 과한 눈치는 상대를 불편하게 만들 수 있다는 걸 상기시켰다.

 나는 어릴 때부터 눈치가 빨랐지만 동시에 누군

가가 은근슬쩍 눈치를 줄 때면, 가볍게 무시하며 모른 척도 잘했다. '내 것은 내 것, 남 것은 남 것'이라는 마음이 작동했다. 내게 이득이 없는 것에는 쉽게 모른 척하고 그래서 눈치 없다는 소리를 듣기도 했다. 그런데 '이득은 없지만 불의'라고 느껴지는 상황에서는 항상 앞장섰다. 이상하게 이기적이면서도 이타적이었다. 그 덕분에 학창 시절엔 꼭 한번은 사건사고에 휘말렸다. 한 번은 고등학생 때 담임 선생님을 폄하하는 말을 들었고, '불의'의 상황으로 인지한 나를 움직이게 했다. 결국 어느 날 옆 반 여자애들이 몰려와 따지는 상황이 발생했다.

"너, 우리가 나댄다고 했다며?"

"내가? 난 나댄다고 한 적은 없어. 그냥 너희들이 없는 데서 우리 반 선생님을 욕하니까 앞에서는 말도 못 하고 뒤에서 말이 많다고 했을 뿐이야."

"그게 그거지. 우리가 너한테 욕한 적도 없는데 너는 왜 시비야? 그리고 선생님 욕은 할 수도 있는 거지."

단지 옳지 않다고 생각했던 마음에서 나온 말이 커지고 커져서 걷잡을 수 없는 상황으로 변했고, 작은 다툼이 반 대항으로 번져 최악의 학기로 만든 사건사고로 남았다. 그렇게 싸움의 스타트가 된 나는 '이상한 애'가 되었다. 많이 힘들었던 시절이지만, 분명 다시 돌아가도 아마 같은 문제를 겪을 것 같다. 그럼에도 지나간 학창 시절 속 원만한 교우관계가 손에 꼽을 정도라서 성격 그대로 행동했던 것이 때때로는 후회가 된다. 너무나 많은 아이들이 서로의 마음에 분노라는 감정을 일으켰던 것을 생각하면, 눈치껏 입을 사렸으면 어땠을까, 상황이 달라졌을까, 이런저런 생각이 든다.

또 한 번은 중학생 때였다. 같이 다니는 무리의 한 친구가 말했다.
"너, 입버릇으로 '나빠'라고 하는 말 하지 마. 우리 기분 나빠."
나는 정말 그 친구가 나빠서 나쁘다고 한 말은 아니었다. 가볍게 던졌던 그 말로 친구를 상처 입힐 수도 있다는 걸, 처음으로 깨달은 순간이었다. 평소에 친구의 감정을 생각하지 못했던 게 미안했다. 친구가 이어서 말했다.
"네가 계속 그렇게 말하면, 나중에 다 떠날 거야. 자신을 밉다고 하는데 곁에 있을 사람은 아무도 없어."

그날 이후로 마음속에서 솟구치는 감정이라도 말이 되어 나올 때는 한 번쯤 되물었다. 이 말은 꼭 해야 하는 말일까? 이 말은 어떤 기분을 남길까? 친구의 조언 덕분에 감정을 부드럽게 표현해야 하는 이유를 알 수 있었다. 아마 그때부터 사회화를 학습하고 있었을지도 모른다.

그리고 '나쁘다'라는 말이 정말 속상한 말이라는 것을 대학생이 되어서야 뼈저리게 느낄 수 있었다. 정말 소중했던 친구가 함께 산책하던 중에 말했다.

"나, 사실 너 미워했어. 너랑 같이 교환학생으로 오기 싫었어."

"뭐……? 네가 나를? 왜?"

얘랑 정말 잘 지낸다고 믿었는데, 그 말은 너무 뜻밖이었다.

"네가 나쁘다고 생각했어. 일부러 내 앞에서 잘난 척하는 것 같아서 싫었어."

순간 가슴이 찢어지는 아픔이 밀려와 눈물이 났다. 내 앞에서 보인 모습과 속마음이 다르다는 사실에 충격을 받았다. '어떻게 미운 사람과 웃으며 지낼 수 있지? 내가 너무 나만 생각했나? 내가 너무 눈치가 없었나?' 수많은 질문이 머릿속에 퍼졌다. 아무리 뛰어난 눈치여도, 이 친구와의 관계에서는 무용지물이었다.

"나는 네가 정말 좋았어. 우리 진짜 잘 맞는 친구라고 생각했는데, 네가 그렇게 말하니까 속은 기분이야. 나 지금 너무 슬프고 지나간 시간이 전부 가짜 같아."

나는 울며 말했고, 친구는 당황하며 말했다.

"울지 마. 너를 속이려고 그랬던 건 아니야. 그래도 이제 나는 너한테 다 말하고 나니까 속 시원해."

그 말을 듣고 생각했다. 우리는 각자의 감정이 더 중요한 관계였고 이후로는 계속해서 진심인지 거짓인지 감정을 의심할 것이란 걸. 시간이 지나고 결국 그 애와의 관계는 틀어졌다. 한때 너무나 좋아했던 친구이기에 지나간 그 시절이 너무나 아쉽고 아련할 때가 있다. 그리움과 후회, 그리고 애증이 뒤엉킨 채 가슴 속 깊은 곳 아픈 감정으로 남았다.

여러 가지 복잡한 사건사고들을 겪으며 스스로를 이해하는 데 많은 시간이 걸렸고, 항상 내 성격은 왜 이상한지 궁금했다. 대학 졸업 후 MBTI라는 검사가 나왔고, 나를 이해할 수 있는 계기가 되었다. 그렇게 '사회화가 된 T'로 살아오면서 이성적인 걸 좋아하지만, 때로는 가슴으로 사람을 이해할 필요가 있다는 걸 배웠다. 많은 관계에서 감정으로 지치기도 했지만, 결국 다양한 관계 속에서 감정과 이성을 벗어나 배려와 양보 그리고 이해와 공감의 자세가 가장 먼저 필요하다는 걸 알게 됐다. 눈으로는 상대를 바라보고, 가슴으로는 상대를 받아들이는 자세. 조금 더 일찍 알았다면, 더 나은 관계를 맺을 수 있지 않았을까? 이제는 안다. 관계란 단순히 감정을 주고받는 것이 아니라, 서로의 마음을 나누는 일이라는 걸.

평론_ 나라는 사람

 나는 무척 공감을 잘하는 사람인 줄 알았다. 상대의 말을 귀 기울여 듣고, 나름의 감탄사로 반응을 해왔기 때문이다. "와, 정말? 진짜? 우와." 라는 짧은 감탄사만으로도 충분히 공감을 표현한다고 여겼다. 하지만 생각 외로 "너는 로봇 같아."라는 말을 많이 들었다. 내 반응에는 진심이 느껴지지 않는다고 한다. 최선을 다하고 있어도 상대에게는 그것이 최고의 반응이 아닌 것이다. 최선이라고 해도 머릿속에서 나온 계산적인 공감이었으니 당연히 마음으로 받는 공감이 부족했을 것을 몰랐다.
 또한 나는 이야기를 잘 들어주는 사람이라고 생각해 왔다. 고민의 원인과 해답을 곧장 찾는 것이 경청이며 공감이라고 생각했다. 상대의 눈을 바라보며 얘기를 들으면 그 사람의 눈을 통해 감정이 보였고, 그렇게 관찰하고 파악하는 게 재밌었다. 그래서 스스로 심리상담가에 어울린다고 여겼다. 하지만 어떤 때에는 "너의 눈은 내 속을 들여다보는 것 같아서 무서워."라고 하는 사람도 있었고, '내가 왜 무섭지?'라는 생각도 했다. 그리고 함부로 겁쟁이 같다고 생각했다. 자신의 깊은 감정을 깨닫는 것은 무서운 일이라는 것을 조금 더 나이를 먹고 알았다. 숨기고 싶은 것은 묻어두어도 좋고, 억지로 빼내서는 안 되는 거였다. 스스로를 갉아먹지 않을 수 있을 때가 오면, 들어내고 받아들여도 되는 거였다.

그리고 때로는 내 선부른 판단으로 관계를 망친 적도 있었다. 나는 "……인 것 같다."라는 말을 쉽게 꺼내곤 했다. 이 말은 타인의 감정을 내 방식대로 해석해 버리는 위험한 표현이었다. 사람들의 마음을 내 생각대로 판단하고 다 안다는 듯 굴었다. 특히 갈등 중재를 한다며 나섰을 때, 이 말을 사용했다. 내가 파악한 각자의 속마음을 전하며 사건이 풀리기를 바랐지만, 오히려 오해만 더 키웠다. 대신 전달 가능한 마음은 없었고, 결국, '남 말하기 좋아하는 사람'이 되어버렸다. 입은 가벼워서는 안 되고 무겁고 침묵을 지킬 수 있어야 한다는 걸 알아가는 과정을 겪으며 나는 결코 심리상담가에 어울리는 사람이 아니란 걸 알았다.

앞과 모순되게도, 속마음을 드러내면 그게 약점이 될까 봐 내 속은 최대한 꼭꼭 감춘다. 깊은 이야기를 하지 않는 것은, 관계가 틀어질 것을 대비한 나를 지키기 위한 방어이다. 내 속을 감출수록 점점 감정을 표현하기도 공감하기도 어려워졌고, 더욱 딱딱하게 굴게 되었다. 로봇과는 교류가 어려운 것처럼 쉽게 넘나들지 못하는 선이 생겼다. '내 사람'이 아닌 사람에게는 쉽게 열리지 않는 선. 그 선을 넘지 못하면 내 입은 쉽게 움직이지 않는다. 그 선과 별개로 귀는 여전히 듣는 것을 좋아한다. 그래서 나는 말을 하는 것보다, 듣는 것이 더 편하다. 문제는, 귀가 들어준 만큼 입이 표현을 잘 못하고 있다. 귀와 입이 손발처럼 맞지 않아서 귀가 항상 낭패를 본다.

이야기를 듣는 귀. 반응하는 머리와 가슴. 그리고 전달하는 입. 그 사이에서 항상 멈칫한다. 상대의 기분을 헤아린다고 하고 싶은 말, 하면 안 되는 말을 고르고 고르다 보면 타이밍을 놓치게 된다. 입으로 말하기도 전에, 눈으로 반응해 버려서 "또 눈으로 말하네."라는 말을 많이 듣고 첫마디를 내뱉을 때면 "이미 늦었어."라는 말을 들을 때도 있다. 그래서 나는 인간관계가 버겁다. 공감의 척도가 다른 인간관계에서 표현 방식이 다르다는 이유로 오해를 살 때는 상처받고 힘들다. 어렵게 꺼낸 진심을 알아주지 않을 땐 속상하고 기운이 빠진다.

지나온 관계 안에서 누군가에게는 모진 사람, 또 누군가에게는 선한 사람으로 남았겠지만, 사람들에게 '선한 사람'으로 기억되길 바랐다. 그래서 가끔은 조금 가식적으로 행동했다. 가식적인 칭찬과 반응으로 좋은 사람으로 남을 수 있다면, 잠시의 불편함은 괜찮았다. 하지만, 가식은 진심과는 달리 빈 것과 같아서 감정의 교류는 채워지지 않았고 관계를 유지하기도 어려웠다.

나는 비판은 듣기 싫고 칭찬이 좋은 타인의 시선에 무척 예민한 사람이다. 그래서 나의 숨기고 픈 모습은 감추고 좋은 면만 보여주려고 애를 쓴다. 그렇지만 내 입으로는 상대에게 비판과 칭찬을 모두 건넨다. 나는 타인의 평가에 민감하면서도, 타인을 관찰하고 평가하기도 한다. 이 모든 모순이 모여 지금의 나라는 사람을 만든다.

돌이켜보면, 이 모든 모순과 감정은 내가 살아온 환경과 관계 속에서 빚어진 나만의 정체성이다. 나는 약하기도, 강하기도, 악하기도, 선하기도 하다. 결국 나는 양면적이고, 모순적이고, 이중적이며, 입체적인 사람이다. 나의 머리, 눈, 가슴, 귀, 입에는 지금까지의 삶이, 기억과 감정들이 고스란히 새겨져 있다. 그리고 그 새겨진 모든 것이 곧 '나'다. 나는 여전히 새겨지고, 조각되며, 완성되어 가는 중이다.

몸에 가득한 문장과 순간

몸의 기록, 나를 마주하다

김미진(happywriter)

호기심이 많은 감성 작가. 사람들에게 응원과 격려를 하고 싶은 힐링 작가. 소중한 나를 위해 서두르지 말고 꾸준히 글 쓰는 일을 하겠다는 자아성장 작가. 글 쓰는 일이 행복한 작가.

몸과 나, 그리고 시간

내 몸은 늘 나에게 말을 걸었다. 하지만 나는 그 말을 듣지 못했고, 몸이 보내는 신호를 흘려들었다. 나는 하루와 일상을 치열하게만 살아냈다. 어느 날 문득, 거울 속에 비친 내 얼굴을 통해 그 소리를 들었다. 왼쪽 뺨 한가운데, 거무스름한 기미 하나가 피어 있었다. 스무 살 때는 볼 수 없었던 주름과 흰머리도 보였다. 수많은 날의 열정, 지나간 시간이 피부 위에 작은 흔적을 새긴 것이다. 서른을 넘길 때까지 느끼지 못했던 노화의 그림자가, 어느덧 내게 다가왔다. 모든 흐름을 천천히 받아들여야 했다. 몸과 마음은 따로 존재하지 않았다. 몸이 변하듯, 마음도 조금씩 변한다. 몸을 이해하는 일은 곧 나를 깊이 들여다보고 이해하는 일임을 깨달았다. 웃고 울었던 시간은 눈가의 주름과 목의 처짐으로 남았고, 무심했던 습관들은 두터워진 허리둘레가 되었다. 나도 모르는 사이 내 시간은 몸에 흔적을 남겼다. 몸이 만들어 온 솔직한 기록은 낯설면서도, 익숙하다. 몸은 말없이 시간을 기록하고, 나는 그 기록을 읽는다.

과거의 나와 현재의 나 - 변화의 흔적들

머리, 변화의 시작

머리는 신체의 제일 윗부분이어서일까, 머리는 쉽게 시선을 끈다. 헤어스타일을 바꾸고, 표정을 관리하며, 더 나은 나, 더 아름다운 나를 꿈꾼다. 이마에 주름이 새겼다. 그 주름에 내가 있다. 그 위에 계절들이 겹겹이 쌓인다. 앞머리를 걷어 올리자, 시간이 이마에 포개진다. 어린 시절, 이마는 관심 밖이었다. 단발머리나 묶은 머리로 지냈다. 20대, 유행하던 뱅이라는 앞머리가 내 이미지와 어울려 오랫동안 고수했다. 그러나 유행은 지나고, 어느 순간 미용실에서는 앞머리를 기르라는 조언만 돌아왔다. "짧게 뱅으로 잘라주세요!" 하지만 헤어 디자이너분은 "이제 나이도 있는 편인데 그건 너무 짧지 않겠어요?"라고 했다.

그 이후부터 지금까지 쭉 이마가 보이던 그 시절로 돌아가지 못했다. 머리를 길러서 뱅 스타일이 어울리게 만들어야겠다고 생각했으나, 머리는 갈수록 짧아지고, 잦은 염색과 파마로 인해 머리는 부스스해졌다. 흰머리까지 생기니 이제는 예뻐 보이기 위한 염색보다는 흰머리를 조금이라도 감춰서 나이를 적게 보이게끔 애쓰고 있다. 나이에 따른 변화가 시작되었다.

얼굴, 웃음과 눈물의 순간을 담은 무대

눈, 코, 입, 얼굴형과 피부. 사람들은 늘 이 부분을 다듬고 가꾼다. 얼굴은 시각, 청각, 후각, 미각, 촉각의 오감을 담고 있다. 웃음과 행복을 느낄 때, 슬픔과 분노를 느낄 때 나의 얼굴은 다양한 표정으로 내 감정을 담아 표현했다. 얼굴이야말로 내 인생을 담은 무대이다.

30대 이전의 나는 번들번들 유분이 가득한 얼굴 피부에 스트레스받았다. 기름종이가 필수품이었다. 당시에는 유분이 많아 피부가 번들거리고 뾰루지가 자주 나는 내 피부가 싫었다. 강력한 거품 세안제로 세수했고, 여드름이 생기면 귀찮아하며 피부과에 갔다. 그때는 여드름이 끝없이 생길 줄 알았다. 압출해도 근처 다른 곳에 여드름이 생겼다. 그러던 어느 날 크림을 발라도 유분기나 생기를 찾기 어려워졌다. 건조하고 메마른 피부가 되었다. 한때는 탱탱하고 생기 넘쳤던 볼. 하지만 언젠가부터 조금씩 볼이 꺼지고, 피부 탄력이 사라졌다. 얼굴 여기저기에 많은 주름이 깊어졌다. 그런 변화를 볼 때마다 어쩐지 서운했지만, 지금은 안다. 가족이 아파서 병원에서 밤을 지새우면서 느꼈던 걱정과 고통, 열심히 노력해서 목표했던 일을 조금씩 이루어나갔을 때의 희열, 나와 가까운 이에게 닥친 고통과 슬픔, 친구나 가족과 함께 만나거나 여행하면서 느꼈던 소속감과 행복. 그 자리에 깃든 수많은 웃음과 눈물의 순간이 지금의 표정과 얼굴을 만들어왔다.

눈, 세상을 보는 창

눈이 나쁘기 시작한 시점은 기억이 잘 나지 않는다. 엄마가 왜 자꾸 눈을 찡그리냐며 야단치던 때, 세상이 선명하지 않고 흐리게 보였다. 결국 초등학교 3학년 학기 초 신체검사에서 시력이 나쁘게 나왔고, 안경 착용을 권유하는 선생님 덕분에 안경원에 갔다. 처음 안경을 썼던 날, 세상이 선명해졌다. 나는 똑똑해 보이고 멋져 보이는 안경을 쓰게 되어 기뻤지만, 어른들은 안경 쓰게 되었다고 한숨을 쉬었다. 나이가 든 지금은 눈이 잘 안 보이는 것보다 자주 뻑뻑하고 붉어져서 힘들다. 그래도, 이 눈으로 여전히 세상을 긍정적으로 바라보고, 사랑하고, 꿈꾼다. 어릴 때 세상에 대해 갖고 있었던 생각이 나이가 들어도 변하지 않았다. 내가 눈으로 보고 있는 이 세상은 밝고 따뜻한 사람이 가득하며, 타인을 배려하고 돕는 이가 많아서, 살만한 곳이다.

입, 마음을 세상에 전하는 문

입은 세상과 나를 잇는다. 입은 내 마음을 세상 밖으로 전달하고 세상과 관계를 맺게 한다. 나라는 존재는 입을 통해 세상 밖으로 나온다. 입을 통해 먹고, 마시고, 말하며, 내 감정과 생각을 보여준다. 사랑을 전하고 슬픔을 드러내기도 한다. 너무 아프고 힘들 때는 오히려 입을 꽉 다물고, 침묵으로 드러낸다. 설레는 사랑의 마음은 입을 통해 비로소 피어나고 반짝인다. 따뜻한 위로와 격려의 말 한마디로 무너질 것 같았던 하루가 다시 서기도 한다.

나는 보통 사람들보다 말이 많다. 적막을 안 좋아하고 깨고 싶어 한다. 분위기를 좋게 만들어야 한다는 것, 나이 많은 분과 젊은 사람들 사이에 중간 역할을 잘 해야 한다는 강박관념이 있다. 말을 참 많이 하고 살았다. 말로 사랑하고, 상처 주었다. 기쁨도, 분노도, 사랑도 입으로 전했다. 이제는 말보다, 침묵이 편하다. 이야기로 관계를 맺지만, 말해야 한다는 강박과 피로도 함께 쌓였다. 그래서 요즘은 침묵의 시간을 더 소중히 느낀다.

몸의 기능과 고마움
- 몸을 다시 바라보다

귀, 세상을 채우는 감미로움

하루가 아름다워지고 싶을 때 나는 음악을 듣는다. 부드러운 음악을 하나 들으면 바쁘고 정신없던 순간이 사라지고 빛나는 시공간이 된다. 세상의 소리를 담아내는 귀는 내 하루와 닮았다. 라디오에서 흘러나오는 노래, 친구의 웃음소리, 조용한 밤의 고요, 창밖에서 들리는 바람 소리 모두 나의 시간이다. 귀 없는 세상은 감미로움이 없는 삭막하고 어두운 곳이 될 것이다. 귀는 듣는 기능만 있는 게 아니다. 귀를 통해 나의 개성을 뽐내기도 한다. 귀걸이를 고르고, 오늘 하루를 꾸미면서 나를 표현하고 일과를 시작한다.

치아, 잃고 나서야 깨닫는 것

평소에도 고마움과 귀중함을 알고 있다면 그 대상을 소홀하게 대하지 않을 텐데, 잃거나 엉망이 되고 나서야 그 대상을 제대로 대접하지 못한 것을 후회했다. 내 몸 어느 곳 하나 소중하지 않은 점이 없기 때문에, 오히려 소중함을 떠올리기 힘든 것일까? 치아가 아파야 치아의 소중함을 안다. 그 작은 존재를 소홀히 다룬 대가로 치과에서 몇 번이나 고통을 겪었다. 치아가 아파 치과에 가면 너무 늦게 간 경우가 많았다. 한 시간 내내 입을 벌린 채 치아 관련 기계가 내 이를 갈고 넣고 다지기 시작할 때, 왜 진작 치아 관리를 잘하고 칫솔질을 섬세하게 잘하지 못했을까, 후회했다. 몸의 어느 한 부분도 소홀히 할 수 없는 이유는, 그것이 곧 나 자신이기 때문이다. 이와 잇몸의 쑤시는 아픔을 통해 건강한 치아의 소중함을 배웠다. 치아가 있기에 좋아하는 오징어나 먹태를 씹을 수 있고, 다양한 음식을 씹어 맛을 느낄 수 있었다. 맛있는 음식을 통해 기쁨과 행복을 느꼈다. 이제는 하루하루를 조심스레 씹어 삼킨다. 치아 관리를 위해 매일 신경 쓰게 되었다.

허리, 내 이야기의 무대
어린 시절 골목길에는 행복한 이야기꾼인 나와

동네 친구들이 있었다. 작지만 건강한 신체로 세상의 중심인 듯 적극적으로 살아갔다. 튼튼한 허리로 어떤 놀이를 하더라도 지치지 않았다. 하지만 세월은 허리를 휘게 만들었다. 어느 떡볶이집 아주머니의 뒷모습처럼. 고2 때 친구와 고등학교 앞 떡볶이 가게에 자주 갔다. 이십 년 만에 다시 찾은 가게에서 그 아주머니는 여전히 떡볶이 가게를 운영하고 계셨다. 그분은 허리에 큰 병이 있는지 골반 한쪽이 완전히 내려앉아서 제대로 걷지를 못했고, 가만히 서 있는 것도 무척 힘겨워 보였다. 가만히 앉아 있거나 걷는 것도 힘들어 보이는데, 가게에서 쉴 새 없이 일하고 계셨다. 울컥 눈물이 났다. 그녀의 삶의 무게가 아픈 다리로 드러나는 것 같아서 견딜 수 없는 슬픔을 느꼈다. 이날 그리운 추억과 반가운 사람, 그리고 슬픔을 만났다. 골목길을 뛰놀던 유년기의 나는 몰랐다. 하지만 이제는 안다. 튼튼한 허리가 있어, 무게를 지탱하고 내 삶을 이끌어왔다는 것을. 내 이야기의 무대를 마련하기 위해 허리가 세월의 무게를 견디고 있다는걸.

몸의 무게와 삶의 무게
- 삶을 지탱하는 몸

어깨와 팔, 세상을 품는 큰 손길

어깨동무하고 같은 곳을 바라보던 시절이 있었다. 어릴 때 봉봉 즉 트램펄린을 자주 탔다. 그물망이 스프링으로 연결되어 있어서 그 위에 올라가 점프하면서 우리는 자유를 만끽했다. 그러던 어느 날 친구가 바로 옆에서 크게 뛰자, 망이 출렁이며 바로 옆에서 뛰고 있던 나의 몸은 망에 발을 딛는 순간 중심을 잃고 몸이 기울어졌고, 삐딱한 상태로 하늘까지 날아오를 듯하다가 갑자기 훅 떨어졌다. 그 순간 왼쪽 팔을 그물망에 짚었고, 심하게 꺾였다. 그날 내 생애 처음으로 깁스했다. 의사 선생님의 바지를 붙잡고 살려달라고 울었다. 옆에 있던 엄마가 깜짝 놀라 나를 진정시키기까지 했다. 난 지금도 트램펄린을 보면

하얀 깁스와 하늘로 붕 뜨던 내 몸이 생각난다. 팔이 불편해 보니 그동안 두 팔이 내 몸의 무게를 지탱해 주었다는 사실이 느껴졌다. 그 뒤로 팔은 내 인생의 수많은 장면을 함께해 왔다. 가끔은 아프고, 무겁고, 지치지만, 여전히 나를 끌어안아 준다. 두 팔로 세상을 품을 용기를 준다. 친구들과 팔짱을 끼고 걸었고, 가족과 함께 맞대고 걸어갔다. 두 팔은 누군가와 함께일 때도, 나 혼자일 때도 세상을 껴안을 힘을 주었다.

손, 삶을 떠받치는 투박한 아름다움

짧고 두툼하며 시커먼 내 손. 예쁘지는 않다. 그래도 이 세상을 열심히 살아가게 한 손이다. 투박한 이 손으로 나는 많은 일을 해 나갔다. 손은 내 삶의 무게를 함께 짊어졌고, 언제나 묵묵히 나를 위해 일했다. 결국, 내 몸은 내가 지나온 시간이었고, 내 삶의 기록이었다. 손으로 공기놀이, 인형 놀이와 같은 수많은 놀이를 했으며, 책을 읽고 공부도 했다. 그 외 손으로 무수히 많은 일을 했다. 그렇게 중요한 몸의 일부인데, 나는 오래도록 내 손의 목소리를 듣지 못했다. 관심을 기울이지 못했고, 손의 통증이 느껴져도 대수롭지 않게 여겼다.

최근 몇 년간 오른쪽 손목이 아팠다. 어떤 때는 손목이 끊어진 것같이 아프다가도 시간이 지나면 괜찮아졌다. 그러다가 손을 많이 쓴 날은 계속 저리고 아파졌다. 처음 몇 달은 오른쪽 손목만 그렇게 아픈 줄 알았는데 어느 순간 왼쪽 손목도 아프기 시작했다. 통증 정도는 오른쪽보다는 덜 했지만. 양 손목이 아프니 간단한 일을 하는 것도 불편했다. 설거지할 때 그릇의 무게, 일상에서 자주 드는 냄비나 반찬통, 접시, 주전자의 무게가 너무 무거워 손목에 무리가 된다는 사실을 알게 되었다. 그리고 과일 깎을 때 손목을 많이 사용한다는 것과 하루 종일 손이 쉴 틈이 없다는 사실을 처음 알았다. 손이 아프니 집 앞에 배달된 택배의 무게가 좀 나간다 싶으면 들고 집안에 들여놓기가 힘들었다. 생수를 주문해서 40개짜리 묶음이 열 몇 개가 온 날, 베란다로 들고 들어오려니 손목이 무척 아파서, 몇 묶음 들다가 그냥 복도에 두었다. 이제 택배는 다른 가족이 집에 오는 시간이 되어야 내용물을 확인하게 되었다.

처음에는 대수롭지 않게 생각했다. 하루 종일 노트북을 바라보며 워드나 인터넷, 피피티 등을 하니 손과 손목을 많이 써서 그런가보다 생각했다. 집에 와서도 손을 쉬지 않고 휴대전화로 영화를 본다거나 뉴스 검색 등을 해서 손목과 손가락을 내내 사용하며 손목을 혹사했으니 아픈 것은 당연했다. 시간이 지나면 괜찮아질 것으로 생각했지만 해가 지날수록 아픈 강도는 더 세지고, 통증의 기간도 길어졌다. 노화 현상, 그리고 현대인의 만성병인 손목터널증후군이라고만 간주하고 병원 갈 생각을 하지 않았다. 병원 가봤자 많이 사용하면 안 된다는 말만 들을 것이므로. 하지만 이후 손목뿐만 아니라 새끼손가락의 끝부분이 보통 때보다 심하게 아팠다. 저릿하고 통증이 느껴졌다. 자다가 뭐에 부딪혔거나 어디에 눌렸나보다 생각하고 일시적인 것으로 생각했다. 하지만 며칠이 지나도 계속 아팠다. 오히려 물건을 들거나 냉장고나 벽에 새끼손가락이 닿기만 해도 아팠다. 주말 동안 쉬면서, 곧 낫겠지 생각했다. 하지만 그다음 일주일 내내 통증이 심했다. 결국 병원을 갔다. 손목은 너무 많이 막 사용해서 아픈 것이고, 새끼손가락은 인대가 늘어난 것이라며 반깁스했다. 그동안 내 삶의 중요한 일들을 한다고 고생한 내 손을 물끄러미 바라보았다. 그제야 내 손을 너무 혹사했음을 반성했다. 이제라도 내 손을 예쁘게 바라보고 다정하게 어루만지며 아껴주어야겠다.

다리와 발, 단단한 에너지

 다리는 내 몸의 주인인 내가 일상생활을 잘해 나갈 수 있게 조용히 나를 지탱해 주었다. 에너지인 다리 덕분에 최소 하루 8시간 이상 서 있거나 걸어 다닐 때 별 어려움 없이 지냈다. 다리 덕분에 편안한 삶을 살아간다. 나를 단단하게 지지해 주는 다리를 보다 보니 내 다리처럼 항상 나의 지지자였던 아빠가 생각났다. 젊은 시절 아빠는 탄탄한 허벅지의 힘으로 높은 산도 거뜬히 오르내리고 무거운 짐도 잘 들었다. 내 눈에 최고 멋진 어른이었던 아빠는 항상 미소를 지으며 나를 바라보았다. 그런 아빠였는데, 얼마 전 본 아빠의 다리는 얇아졌다. 젊은 시절 아빠를 지탱해 주던 튼튼한 허벅지가 나이가 들수록 자꾸만 줄어들더니 이제는 가냘프다는 표현이 들어맞을 정도로 가늘어졌다. 허벅지에 온갖 에너지가 농축되어 있었던지 지금의 아빠는 기운이 떨어져 있었다. 미소 지으며 나를 보는 것은 예나 지금이나 같지만 그 미소는 약간 희미해졌고, 힘겨워 보였다. 힘 있게 서서 나를 보고 웃어주던 아빠의 모습이 그립다. 주말에 들러 다리뼈에 도움 될 만한 영양제를 사서 부모님께 선물로 드리고, 함께 뒷산을 걸으며 다리근육을 키워야겠다. 어린 나를 두 다리로 든든하게 지지해 주고 안아주었던 아빠. 지금은 근육이 빠져 약해진 아빠를 위해 함께 걸어야겠다.

몸을 사랑한다는 것

 지나온 모든 시간은 내게 소중하다. 내가 지나온 시간이 내 피부와 몸에 묻어있고, 그 속에 나의 수많은 이야기가 담겨있다. 그 시간이 있었기에, 지금의 내가 있다. 시간은 누구에게나 공평하게 멈추지 않고 흐르지만, 어떤 식으로 사용하는지는 그 사람에게 달려있다. 나는 시간의 흐름에 따라 변하는 내 몸을 기록한다. 내 몸이 써 내려간 이야기를 나는 다정하게 사랑하려 한다. 몸을 기록하면서 결국, 몸을 사랑한다는 것은 나 자신을 온전히 이해하고 받아들이는 것임을 깨닫게 되었다.

 내 몸은 노화가 진행되는 중이다. 피부는 점차 탄력을 잃고 주름이 지고 있으며, 눈가에도 미세한 주름이 자리를 잡고 살짝 처졌다. 눈은 침침

해서 금방 글자를 읽어내기 힘들다. 허리도 디스크 증세가 있고, 계단을 내려올 때 오른쪽 무릎은 삐거덕 가벼운 마찰음을 내어 힘겨울 때도 있지만, 그럴수록 나는 나의 몸을 더욱 소중히 여기고 아끼게 된다. 내 몸이 변해가는 것을 자연스럽게 받아들이며, 피부와 뼈, 눈에 좋다는 약을 먹으며 변한 내 몸에 적응해 갔다. 과거에 활기참과 건강함에만 미련을 두고 한탄하는 것이 아닌, 지금 변해간 나를 인정하며 살아간다. 물론 매일 쳐다보지만, 거울 속 나는 여전히 낯설다. 그러나 나는 그 변화를 조금씩 받아들이고 있다. 오늘도 내 몸은 나의 마음, 감정과 함께 움직이며 살아간다. 내 몸은 내 삶 그 자체였고, 세상을 만나 아름다운 삶을 살아가게 하는 통로였다.

 눈은 비록 흐려졌지만, 여전히 내가 바라보는 것을 향해 있다. 허리, 다리, 엉덩이, 뼈와 근육은 묵묵히 나를 받쳐주고 있다. 나는 내 몸에 감사하는 마음을 갖고, 내 신체를 있는 그대로 사랑하기만 하면 된다. 변해가는 모습에 얽매이지 않고, 그 속에서 내가 가진 아름다움을 찾으면 된다.

 신체의 변화는 내가 살았던 날들의 흔적이다. 지금의 나를 함께 만든 몸에게 감사한 마음을 갖고 표현하면 된다. 내 몸은 그동안 나를 지켜주었고, 함께 해오면서 삶의 깊이를 느끼게 해준 친구이다. 나는 내 몸을 통해 나를 위한 일을 하고 성장했다. 언제나 나와 함께해 준 것도 결국 이 몸이고, 앞으로 내 아름다운 삶에 쭉 동행해 준 이도 내 몸이다.

 오늘도 내 몸은 나에게 말을 건다. 거울 속 모습을 통해, 작은 통증과 미세한 변화 속에서 나는 나를 마주하고 내 몸이 건네는 말을 듣는다. 삶이란 아름답고, 사람 또한 아름다운 존재다. 내 몸이 전하는 말을 통해 내 삶을 소중히 여기며 열정적으로 살아가야 함을 깨달았다. 제일 소중한 존재인 나를 소중히 여기고 몸과 마음의 소리를 들어야 함을 알게 되었다.

내 몸, 임자를 잘 만나야

이경란

43년 교직 생활 후 은퇴했다. 교육 에세이 『왕년의 교사 아해사랑 이야기』를 출간했고, 공저로 『우리들의 이야기 어울림』, 『삶의 문을 열다』 등이 있다.

내 몸의 가장 낮은 곳

내 발에 관해 관대하지 않다. 오히려 소홀한 날이 많다. 정년퇴직하고 더 심한 것 같기도 하다. 내 발에 맞는 신발을 사는 데 인색하기조차 하다. 어쩌다 외출하는 날, 옷을 챙기고 머리를 가다듬고 미리미리 준비하기도 한다. 그런데 발에게 신겨 줄 신발은 미리 챙기지 않게 된다. 밖을 나갈 때 내 몸 각각의 임무를 맡은 부서 중 가장 낮은 곳에서 가장 힘든 일을 수행하는 부서가 발이다.

에세이스트 신년 하례식이 있었던 날, 수필 등단에 대한 신인상을 받는 날이었다. 모처럼 옷을 챙겨 입고 나들이를 하게 되었다. 늘 출근하며 입고 다니던 옷을 그대로 챙겨 입고 신발도 늘 신던 신발 찾아서 신고 가면 되겠거니 생각했다.

  이틀 전쯤, 머리 커트를 했으니 편안한 마음으로 그날을 기다렸다. 당일이 되니 외출 준비하면서 허둥대는 내 모습이 보였다. 내 몸이 내 손이 일사천리로 움직여지지 않는 듯했다. 오후에 나가는 것이니 망정이지 오전이었으면 나갈 수 없을지도 모른다는 생각이 들 지경이었다.

  느릿느릿 움직여지는 내 모습이 보였다. 머리 손질하는 손도 느릿느릿, 머리 모양도 잘 나지 않았다. 옷도 입어보니 어색했다. 늘 입고 다녔던 옷인데 잘 맞지 않는 옷 같았다. 이방 저방 왔다 갔다가 하기만 하고 내 발도 내 몸을 재빠르게 움직이도록 해 주지 못했다.

  아침에 일어나 한 시간이면 출근 준비 완료하던 나는 어디로 갔는지 시간만 보내고 있었다. 오늘의 나는 느리고 답답했다. 40년이 넘는 세월, 그동안 어떻게 빈틈없이 출근할 수 있었나 싶었다. 그동안 무사히 다닐 수 있었던 내 몸이 기특했다.

  나의 손과 발도 애썼구나! 보듬어주고 싶은 심정이었다. 무사히 화장하고 머리 손질을 한 후, 옷을 갖추어 입고 신발을 신기 위해 신발장을 열어보니 퇴직 후 편한 신발만 신고 다닌 터라 굽이 있는 신발들은 모두 발이 편하지 않아 보였다. 그렇지만 오늘만큼은 굽이 있는 신발을 신어야겠다고 생각했다. 이것저것 찾다가 겨우 굽도 좀 있으면서 늘 편하게 신고 다니던 신발이 눈에 들어왔다. 옷과 색깔도 맞을 것 같아 다행이라는 생각을 하며 냉큼 신고 서둘러 시청으로 향했다. 그날의 행사는 시청의 한 홀을 빌려서 하게 되었다. 아들이 근무하는 곳이니 더 반가웠다. 더구나 아들이 점심시간에 행사장으로 와서 행사 준비에 필요한 게 있으면 도움도 주려고 잠시 내려온다고 하니 설레기도 했다. 아들에게 '엄마 신인상 받는다.'라는 말은 하지 않았지만, 혹시 '알고 있나?' 하는 기대를 잠시 해봤다. 부질없이 말이다. 아들은 정말 시작하기 전에 행사장 운영에 문제없는지만 살펴보고 곧바로 올라가 버렸다. 점심시간을 이용해서 살펴보러 온 것이니 어쩔 수 없었다.

신년 하례식의 모습을 보니 대부분 시상식이었다. 가장 큰 시상은 단연 정경 문학상이었다. 마치 방송사의 연말 시상식 모습이 오버랩되어 보이기도 했다. 나에게도 신인상 수여가 되었고 여러 명의 대상자 중 대표 인사를 하도록 임무가 주어졌다.

"방송사의 시상식에 참여한 느낌입니다. 故 정경 선생님이 오늘의 문학상에 함께 하시며 미소 짓고 계실 것 같습니다."

미리 준비한 인사말을 한 후 그 자리에서 느꼈던 내 마음을 생각나는 대로 덧붙여서 말하고 단상에서 내려왔다. 내려오고 나니, 시간 여유가 좀 있는 듯 보였다. 양해를 구하고 신인상 받는 전체에게 짧게라도 인사말 하도록 마이크를 전해야 했다는 생각이 뒤늦게 들었다. 현직에서 늘 행사를 접하고 있을 땐 현장 상황에 맞추어 즉흥적으로 잘하던 감각이 그날은 작동되지 않았다. 아쉬움과 미안한 마음이 또 싹을 틔웠다. 인사를 마치고 나니 생각지 않았던 친구가 와서 꽃다발을 주었고 동영상 촬영도 해 주는 바람에 조용히 참석하고 가려 했던 시상식 참석의 시간이 화려한 시간이 되어 버렸다. 코로나로 행사를 마치고 공식적인 식사는 없었지만, 바쁜 일 마다하지 않고 온 그녀에게 내가 식사라도 대접해 주어야 했다. 그런데 그녀는 그냥 집으로 가야 한다고 한다. 코로나 때문이리라. 감사함과 아쉽고 미안한 마음을 어떻게 표현해야 할지 다음을 기약하는 수밖에 없었다.

손녀 하원을 도와주어야 해서 부지런히 집으로 돌아왔다. 현관에 들어와 무사히 오늘 일을 마무리한 뿌듯함과 어서 손녀에게 가야 한다는 마음이 앞서 간편복으로 옷을 갈아입기 위해 서둘러 신발을 벗었다.

"앗!"

소리를 지를 뻔했다. 신발의 모양을 보니 가관이었다. 나갈 때 보이지 않던 신발의 낡은 옆면의 너덜너덜해진 모습이 보였다. 가만히 신고 있으면 잘 보이지 않는데 걸으면서 신발이 약간 꺾여지면 너덜너덜해진 모습이 더 잘 보였다. 너무너무 망신스러웠다. 이 신발을 신고 시상식에도 올라가고 신인상 대표 인사도 했다. 혹시, 사람들의 눈이 내 신발에 갔으면 어쩌나 하는 생각에 어찌할 바를 모르겠다. 엎질러진 물이다. 내 발에 소홀한 나를 여실히 보여주고 있는 셈이다. 그렇다고 내가 집에 있을 때조차 소홀하다고 할 수는 없다.

나는 내 발을 내 몸의 다른 부분과 동등하게 대한다. 수건을 사용할 때 발수건을 따로 두지 않는다. 손도 발도 얼굴도 몸도 모두 동등하게 대해 준다는 의미로 수건 하나로 모든 부분을 동일하게 닦아준다. 그것 하나를 보더라도 내가 내 발에 소홀히 한다고는 할 수 없다. 나는 늘 모두가 공평하고 공정한 세상을 좋아하기 때문이기도 하다. 발이 망신스러우면 그건 곧 내가 망신스러운 것이다. 그러나 오늘 일은 참으로 잘못된 일이었다. 미리 챙기지 못했고 소홀했었다.

내 몸의 가장 낮은 곳에서 묵묵히 내 몸을 지탱해 준 발, 어딜 가서 무엇을 하든 발의 힘을 빌리지 않고는 할 수 없는 것을 모르지는 않는데 말이다. 미안했다. 이젠, 내 발에 약속한다. 앞으로는 집에 돌아오면 잘 보살피겠다고. 언제 어디서나 수고한 발을 잊지 않고 감사해하겠다. 발에게 좋은, 잘 맞고 편안하고 예쁜 신발을 준비해서 대령하겠다.

저온 화상

 2024년 들어 가장 추운 날, 강원도로 여행을 떠나기 위해 우리 일행 8명은 용산역에서 만났다. 정년퇴직을 하기 전 함께 만나 오카리나와 우쿨렐레를 배웠던 팀이다.

 우리나라에서 말하는 중산층은 부의 축적 정도를 따진다고 했지만 서양에서 바라보는 중산층은 악기 하나쯤은 다룰 수 있어야 한다고 한다. 꽤 설득력 있는 말로 들렸다. 악기 하나쯤은 제대로 하고 싶은 마음으로 오카우크팀과 만나 일주일에 한 번씩 연습했다. 비록 제대로 연습할 시간도 갖지 못한 채 만나곤 했지만 악기를 조금씩 다룰 때는 문화인이 된 듯, 나의 품격이 좀 올라 가는듯한 기분이었다.

정년퇴직한 사람들이 하나둘 늘어나고 만남이 뜸해지면서 일주일에 한 번씩 만나던 것이 지금은 일 년에 몇 번 여행이 중심이 된 정기 모임만 하고 있다. 해외여행을 다녀오기도 했던 이 모임이니 이젠 여행 모임이라고 해야겠다.

요즘은 기차여행을 주로 한다. 목적지 기차역에 도착하면 여행사 가이드가 피켓을 들고나와서 기다려준다. 그럴 때면 마치 기차를 타고 왔지만 비행기를 타고 해외 어느 여행지에 도착해서 피켓 든 여행사 가이드를 만난 기분이다. 마치 해외여행을 온 듯한 여행의 묘미가 있다.

우리 팀은 한 명 외에 모두 은퇴했으니 싫어도 노년기에 접어든 사람에 속한다. 갑자기 몰아서 온 한파에 나들이를 삼가야 했지만 다시 일정 잡기도 힘들다 보니 그대로 추진했다. 우리 또래보다 조금 어려 보이는 부부가 1박 2일 일정의 여행에 동행하게 되었다. 그 부부와 서로서로 사진을 찍어주기도 하고 친근감 있는 대화도 나누게 되었다. 하루가 지나자 너무 춥다고 하면서 손난로를 하나씩 선물로 주었다.

외투 주머니에 넣어 놓으니 따뜻하고 좋았지만 장갑과 핸드폰을 양쪽 주머니에 넣고 보니 손난로까지 있으니 복잡했다. 어느 한쪽에 함께 넣으면 물건 하나가 빠져나올 것 같아 손난로는 바지 주머니에 넣기로 했다. 주머니 하나에 물건 하나만 넣어야 혼돈이 덜 된다. 안심이 되었다. 그런데 시간이 갈수록 점점 더 뜨거워졌다. 좀 뜨겁기는 했지만 손으로 약간씩 들추어 가면서 바지 주머니에 그대로 넣고 하루 일정을 따뜻하게 보내었다. 덕분에 훈훈한 하루를 보낸 기분이었다. 기차역에서 그 부부와 헤어질 땐 "손난로 덕분에 따뜻했어요. 고마워요." 인사도 깍듯이 하며 감사한 마음을 표현했다. 서울로 돌아오는 KTX 기차에서도 손난로는 여전히 내 바지 주머니에서 따뜻한 열을 뿜고 있었고 약간 뜨거웠지만 그 정도는 참을 수 있었다. 1박 2일 일정이지만 빡빡한 일정이었다. 기차에서도 바지 주머니에 손을 넣어 손난로를 조금씩 들추어 가면서 그대로 비몽사몽하다 보니 밤늦은 시간 청량리역에 도착했다.

이번 여행도 악기 연주의 시간 없는 1박 2일의 수다방 모임이었지만 건강하게 잘 다녀올 수 있어서 감사했다. 집에 돌아와 샤워를 하기 위해 바지를 벗고 내복 차림이 되었을 때 바지 주머니 위치에 손이 닿으니 폭신한 무엇인가가 느껴졌다. 살펴보니 볼록하게 튀어나온 것이 보였다.

"이게 뭐지?"

바지를 내리고 피부를 보았더니 물집이 제법 크게 부풀어 올라와 있었고 주변은 넓은 부분이 울긋불긋 얼룩져 있었다. 물집은 엄지손가락 마디만 한 것과 조금 작은 것 둘이 누런색을 띠고 있었다. 그제야 화끈거리는 느낌이 들고 건드리면 터질 것 같다. 터지면 안 될 것 같은 생각이 들며 몸이 갑자기 경직되는 듯했다. 샤워하려던 것을 그만두고 간단히 닦은 후 '내일 아침에 병원 가야겠구나.'하며 잠자리에 들었다.

다음 날 아침에 보니 좀 더 누런색이 짙어져 있었다. 위치가 위치인지라 병원에 가서 바지를 내리고 싶지는 않았다. 속살이 드러나 보일 수 있을 것 같아 집에서부터 사진을 찍어서 가기로 했다. 핸드폰을 꺼내어 허벅지 윗부분 벌겋고 누렇게 된 부분을 찍었다.

'사진 찍은 것을 보여주고 약을 받아오면 되리라.'

진료 시작 시간에 맞춰 피부과 병원으로 갔다. 벌써 많은 사람들이 와서 대기하고 있었다. 차례를 기다려 진료실로 들어가니 나이가 지긋한 남자 의사 선생님이 있었다.

"요즘 저온 화상을 입고 오는 환자가 많아요. 이게 더 힘든 겁니다. 침대 위로 올라가 치료 준비하세요." 화상 입게 된 내용을 설명한 후 핸드폰을 꺼내 사진을 보여드리려고 했더니 상처 부위를 보고 치료를 해야 한다는 것이다. 사진은 아예 볼 생각도 하지 않고 의료용 침대가 놓인 방향을 손으로 가리키며 말했다. 간호사는 빨리 들어오라는 듯 기다리고 있었다. 나도 외투를 벗고 끌리듯 따라 올라갔다. 바지를 최소한으로 내리려는 생각만 하면서 자칫 팬티까지 내릴 뻔했다. 내 손가락이 위쪽 옷 모두에 걸쳐지고 있었나 보다.

"속옷은 그냥 두고 겉옷만 내리면 돼요."

깜짝 놀랐다. 나의 계획이 완전히 빗나가 당황하고 있었다.

"저온 화상은 오랜 시간 동안 열기가 몸속 깊이 들어가기 때문에 조금만 더 심했으면 큰 병원으로 가야 하는 거예요. 전기장판도 조심해야 하는데 잠잘 땐 전원을 꺼야 해요."

결국 다음날도 치료받으러 가야 했고, 이틀에 한 번씩 두 번씩이나 더 치료를 받으러 갔다.

특별한 네일아트

"손톱이 예뻐요."

매주 한 번 성당에서 성경 공부 모임을 하면서 책을 펼치는 순간 함께 참여한 그룹원 한 사람이 내 손톱을 유심히 보면서 말했다.

"색깔이 특별하고 예뻐요. 네일아트 했나 봐요."

내 손톱에 약간 갈색 빛나는 검은색이 물들어 있었다.

나는 말꼬리를 흐지부지했다.

"네, 호호."

얼버무리며 더 이상 손톱에 대해 말하지 않고 성경 공부 진행을 시작했다. 손을 숨길 수도 없고 드러내어 놓고 말하기도 좀 그랬다. 실은 머리 염색하면서 '피부에는 염색이 되지 않는다.'라는 말만 믿고 손에 비닐장갑을 끼지 않은 채 염색을 했던 것이다. 염색을 시작하자 다른 날보다 좀 더 색이 짙은 것이 손가락과 손바닥, 손톱이 검게 되었다. 빨리 마치고 비누로 씻으면 금세 옅어지겠지 하며 그대로 마무리했다.

 그리곤 아무리 비누칠을 하고 손을 씻고 때 타월로 손 전체를 긁어내다 싶게 씻어대도 약간만 옅어질 뿐이지 갈색이 유지되었다. 하루가 지나자 피부의 색은 어느 정도 옅어져서 볼만해졌다. 그러나 손톱은 거무스름한 색의 갈색으로 보였다. 아니 옅은 검은색 물이 들어버린 것이다.

 성경 공부를 하는 내내 내 손가락을 떳떳하게 책상 위에 올려놓을 수가 없었다. 필요할 때만 잠시 올렸다가 다시 아래로 내리고 또다시 올라가서도 금세 다시 내려놓았다. 너무 숨기는 건 어색할 것 같아 다시 올려놓기도 했다. 색깔이 특별하고 예쁜 네일아트 한 것 같다고 말해주었건만 궁색한 변명도 뻔뻔한 답도 하지 못했다.

 요즘 별별 색깔로 네일아트 하는 사람들 덕에 그냥저냥 시간을 보내었다. 손톱이 자라 반쯤 남았을 때 또 한 번 "예쁘다."라는 소리를 들었다. 내가 봐도 반달 모양 갈색 네일이 예쁘게 보였다. 염색으로 하는 네일아트가 되어 버렸다.

내 몸 사용이 끝나는 날
"주인 잘 만나 잘 지냈소."
"그동안 잘 사용했소."
인사 나눌 수 있어야 할 텐데.

몸에 가득한 문장과 순간

자연스러운 것이 최고

전지적 아아

타인에게 예민한 ISTP. 선을 넘지 않으려 노력하고, 선을 넘는 사람을 싫어하는 개인주의자.

중학생 때, 2학기 기말고사가 끝나고, 영어 시간에 영화를 본 적이 있다. 영어 시간이라 당연히 미국 영화를 봤는데, 전쟁 영화였다. 그 영화 중 전투 장면에서 크게 다친 군인들이 비명을 지르며 고통을 호소하는 모습이 나왔다. 그때 같은 반 학생 한 명이, "진짜 큰 고통을 느끼면 사람이 소리도 못 지른다는데, 자연스러운 연기라면 비명을 지르지 않는 연기를 해야 하지 않나?"라고 작은 목소리로 나에게 말했다. 그 이야기를 듣고 겉으로는 고개를 끄덕였지만, 속으로는 '아픈 만큼 사람이 소리 지르는 것이 당연하지. 소리를 안 지를 수 있나?'라고 생각했다. 그리고 몇 년 뒤, 비명도 지를 수 없는 고통을 겪고 나는 깨달았다. 정말 큰 고통은 사람의 목소리조차 앗아갈 수 있다는 것을.

한창 거북이의 〈비행기〉라는 노래가 길거리 곳곳에서 들릴 때쯤, 나는 부대 생활관 바닥을 물청소하며 그 노래를 듣고 있었다. 파란 하늘 위로 훨훨 날아간다는 노래 가사가 스피커를 통해 나올 때, 나는 신병 100일 휴가를 나가면 먹고 싶은 것, 가고 싶은 곳, 하고 싶은 것을 머릿속으로 떠올리며 바닥의 물기를 열심히 쓸어 밖으로 빼냈다. 병영생활 임무 분담제에 따른 점호 전 청소는 분위기가 꽤 살벌했다. 점호 준비기도 했고, 단체 생활에서 아무래도 위생이 중요해서 간부나 선임들이 청소 상태에 꽤 예민했다. 그리고 가끔 청소 상태가 당직 사관 마음에 들지 않으면, 꽤 구석구석 꼼꼼하게 청소 검사를 해서 잠을 제때 재우지 않고 청소를 더 시키기도 했다. 그래서 청소를 제대로 하지 않거나, 몸이 굼뜨면 이곳저곳에서 욕설을 듣기 십상이었다. 그날도 여느 때와 다름없이 최대한 민첩한 동작으로 청소를 실시했다. 이 부대에 오고 스무 번째 청소하는 날이었다.

 전날 새벽, 말년 병장들이 나를 데리고 장난을 쳤는데, 분위기가 순식간에 살벌해지며, 전역이 한 달 남은 A 병장이 나에게 자기 전역할 때까지 행동거지 하나하나 지켜볼 것이라고 엄포를 놓았다. 누가 제일 못생겼는지 가리키라고 했을 때, 내 손가락질을 받았기 때문이다. 처음에는 군대 오기 전에 "여기 있는 사람 중 누가 못생겼냐는 질문을 받으면, 절대 다른 사람 찍지 말고 너 찍어. 안 그러면 군 생활 꼬인다."라는 말을 들은 적이 있어서, 내가 제일 못생긴 것 같다고 했다. 그렇지만 군대 오기 전 들은 조언은 소용없었다. 나를 둘러싼 말년 병장들은 그런 재미

없는 대답을 바라지 않았다. 내가 곤란해하며 누군가를 지목하면, 그 지목 당한 사람을 놀리겠다는, 그렇게 해서 심심한 군 생활 조금이라도 재미를 얻겠다는 의도였다. 그 껌껌한 생활관 안에서도 내 지목을 받은 A 병장의 얼굴이 실시간으로 일그러지는 것이 보였고, 안광도 번쩍이는 것이 정말 무서웠다. A 병장의 동기들이 웃자고 하는 일에 죽자고 달려든다면서 웃음으로 분위기를 풀어보려 했지만, 내 지목을 받은 A 병장은 마음이 풀리지 않았다.

스무 번째 청소 시간에 내 행동을 건너편 침상에 앉아 노려보고 있었다. 마치 세렝게티 국립공원 풀숲에서 먹잇감을 노려보는 사자 같은 눈빛이었다. 당연히 먹잇감인 톰슨가젤은 나였고. 딱 하나만 건수가 잡히면 물어뜯을 기세였다. 가뜩이나 행동이 재빠르지 않아서, 빠르게 행동하려고 잔뜩 긴장하고 있었는데, 그 병장의 눈빛 때문에 머리는 더 하얘졌고, 몸은 더 삐걱거렸다. 빗자루질과 걸레질이 헛도는 느낌이었다.

그렇게 숨 막히는 청소 시간이 끝나고, 침상 닦던 걸레를 깨끗하게 빨아서 걸레 건조장에 널어놓은 후 생활관으로 돌아오는 길이었다. 안 그래도 평소보다 그 병장 눈치를 보느라 청소가 조금

늦어져서 점호까지 남은 시간이 얼마 없었다. 전투화도 닦아야 하고, 전투복 오와 열을 맞춰야 하며, 개인 침구류도 다시 정리해야 했다. 마음이 급해졌다. 걸레 건조장에 걸레를 거의 던지다시피 널고 나오다가 네 달 먼저 온 선임에게 꽤 긴 잔소리도 들었다. 네 달 선임도 점호 시간이 얼마 남지 않아서 "일단 생활관 가면서 들어."라며 같이 생활관으로 뛰어갔다. 잔소리는 그치지 않았다. 벌써 빠졌다, 아무리 급해도 해야 할 일은 정확하게 해야 한다, 그런데 네가 이렇게 걸레를 정리하면 앞으로 군 생활이 힘들 거다, 등. 이런저런 잔소리를 들으며 뛰어가다 보니 영혼이 빠져나가는 느낌이었다. 마음은 급하고, 달리기는 느리고, 잔소리는 계속 이어졌다. 몸과 영혼이 분리가 되어 몸이 자꾸 따로 노는 느낌이 들었다.

그렇게 정신없이 어두운 길을 달려가다가 어딘가에 걸려 넘어졌다. 조명이 하나 없던 곳이어서 돌부리에 걸렸는지, 내 다리에 걸렸는지 알기가 어려웠다. 오랜만에 넘어진 것 하나는 확실했다. 넘어지면서 불현듯 예전에 넘어졌던 일이 머리에 떠올랐다. 하나는 중학교 시절, 지하철역으로 길을 건너 등교해야 하는데, 겨울에 역 계단을 청소하시는 분께서 물걸레로 청소하셨는지 계단이 얼어 있었다. 그것도 모르고 급하게 가다가 얼음을 밟고 미끄러져서 아파트 한 층 정도 되는 계단을 데굴데굴 굴렀다. 들고 다니던 도시락이 터져서 내 머리 옆에 김칫국물이 쏟아졌다. 멀리서 사람들이 비명을 지르며 달려왔는데, 그 김칫국물이 마치 머리에서 쏟아진 피처럼 보였기 때문이었다. 창피한 마음에 얼른 튀어나온 음식물을 쓸어 담고, 도시락을 챙겨 황급히 자리를 피했다.

다른 하나는 고등학교 때 짝사랑하던 여자 후배 앞에서 넘어진 일이었다. 단둘이 햄버거를 먹으러 갔다가 계단에 발이 걸려 넘어지면서 들고 있던 햄버거와 음료를 모두 쏟았다. 넘어져서 아픈 것보다, 잘 보이고 싶은 여자 앞에서 넘어졌다는 부끄러움이 더 컸다. 물론, 친절한 점원 덕분에 다시 음식을 받아서 맛있게 먹으며 여자 후배와 대화를 나눴지만, 그날 무슨 말을 했는지, 햄버거가 입으로 들어갔는지 코로 들어갔는지 알 수 없을 정도로 너무 창피했고, 정신이 없었다.

그 이후 정말 오랜만에 넘어졌다. 그런데 그 순간 갑자기 너무 넘어지기 싫었다. 안 그래도 어리바리한 이미지에, 같이 온 동기들에 비해 특출

난 것 하나 없었다. 행동도 빠릿빠릿하지 못했고, 무엇을 시켜도 한 번에 해낸 것이 거의 없었다. 당연히 선임들의 잔소리가 따라왔고, 자존감이 바닥을 찍었다. 그런데 이런 상황에 넘어져서 다친다면 또 선임들에게 혼이 날 것 같았다. 게다가 조금 전까지 잔소리를 이어 가던 네 달 선임 앞에서는 절대 부끄러운 모습을 보이고 싶지 않은, 얄팍한 자존심도 고개를 들었다. 그래서 앞으로 넘어지면서도 균형을 잡기 위해 발버둥을 쳤다. 손을 이리저리 휘휘 저었지만, 소용없었다. 이미 균형을 잃은 몸뚱이는 땅바닥을 향해 빠른 속도로 쓰러졌다.

안타깝게도 넘어지는 과정에서 왼팔이 몸에 깔렸다. 넘어진 곳이 자갈밭이었는데, 자갈에 긁혀서 그런지 왼팔에 따끔거리는 통증이 몰려왔다. 통증과 함께 얼굴이 화끈거렸고, 귀에는 같이 뛰어가던 선임의 혀를 끌끌 차는 소리가 들렸다. 뛰는 것도 똑바로 못하냐며, 이런 것도 하나하나 가르쳐야 하냐며 선임이 다가왔다. 수많은 사람 앞에서 계단 구르기를 했을 때보다, 짝사랑하는 여자 후배 앞에서 넘어졌을 때보다 더 창피했다. 아마 선임은 그 어두운 곳에서도 벌게진 내 얼굴은 확실히 봤을 것이다.

점호 시간이 얼마 남지 않았다. 아프다고 징징거리면서 언제까지 엎드려 있을 수 없었다. 바로 일어났다. 그 순간, 나에게 다가오던 선임의 얼굴이 새하얗게 질렸다. 입만 벙긋거렸다. 뭔가 말을 하고 싶은데 소리가 안 나오는 느낌이었다. 손가락은 내 왼팔을 가리키며 약간 뒤로 물러나는 자세를 취했다. 딱 한밤중에 귀신을 본 표정과 몸짓이었다. 처음에는 왜 저러지 싶었다. 혹시 말로만 듣던 귀신을 보는 사람인…?

갑자기 왼팔이 너무 아팠다. 정말 극심한 통증이 몰려왔다. 피부에 생채기 조금 난 것으로 이렇게 아플 리가 없었다. 정말 비명도 나오지 않을 정도로 아팠다. 왼팔을 보려고 고개를 숙이면서 왼팔은 들었다. 내 왼팔이 무슨 연체동물처럼 휘어져 있었다. 덜렁거렸다. 처음에는 머리에서 이 상황을 받아들이지 못했다. '내 팔이 왜 이런 상태지?'라는 의문에 신체 반응과 신호가 멈춘 것 같았다. 몇 초의 시간이 흐른 뒤, 머리에서 이 상황을 서서히 받아들이기 시작했다. 아, 팔이 부러졌구나. 깨닫자마자 극심한 통증이 몰려왔다. 나는 내 왼팔을 끌어안고 주저앉았다. 어릴 때 남동생 팔에 금이 간 적이 있었는데, 그때 동생은 아프다고 온 동네가 떠나갈 듯이 소리를 질렀는데, 나는 아예 목소리가 나오지 않았다. 그냥 억, 억 소리와 함께 끙끙 앓았다. 귀신 본 것 같이 하얗게 질렸던 선임은 즉시 생활관으로 뛰어가서 의무병을 데려왔다. 의무병도 깜짝 놀라 서둘러 응급 처치를 했다. 나중에 알고 보니 왼팔 요골과 척골이 모두 부러졌다.

민간인이었으면 바로 응급실을 갔겠지만, 지금은 군인 신분으로 부대 안에 있었다. 그리고 군대에서 단순 골절은 응급으로 보지 않았다. 골절이 응급으로 처리되려면 부러진 뼈가 살을 뚫고 나오는 복합 골절은 되어야 했다. 이런 이야기를 해주며 의무병은 내일 아침이 되어야 병원에 갈 수 있다고 말해주었다. 일단 응급처치로 왼팔에 부목을 대고, 붕대를 칭칭 감았다. 왼팔이 욱신거렸고, 후끈거렸다. 생채기가 난 피부가 따끔거렸다. 팔을 움직이지 않아야 해서 누워서 잘 수 없었다. 할 수 없이 밤새 앉아 있었다. 진통제도 계속 맞았다. 새벽에 의무병이 더 이상 진통제 맞으면 안 된다고 할 때까지 진통제 주사를 10회 정도 맞았다.

나는 계속 후회했다. 왜 그냥 넘어지지 않고, 안 넘어지려고 버텼을까. 버티지 않고 자연스럽게 넘어졌다면 내가 팔을 깔고 넘어질 일은 없었을 것이고, 그러면 피부에 상처가 나서 따가운 정도로 끝이 났을 텐데. 그냥 생활관에 무사히 복귀해서 넘어진 일로 놀림도 받고, 잔소리 들으면 그것으로 끝이 났을 텐데. 그때 하필 왜 예전에 넘어져서 부끄러웠던 일이 떠올랐는지. 그리고 크게 다친 나 때문에 부대 분위기가 안 좋아질 것 같았다. 죄송하고 미안했다. 내가 조금 더 정신을 차렸다면, 내가 조금 더 자연스럽게 행동했다면 이렇게까지 크게 다치지 않았을 것이라는 생각만 들었다.

진통제 없이 견디기 힘들었던 고통과, 자연스럽게 행동하지 못한 나에 대한 후회로 밤을 지새웠다. 진료 시작 시각에 맞춰 부대 인근 군 병원에 도착해서 진료를 받았다. X-ray를 찍고, 뼈 위치를 맞추는데, 정말이지 왼팔이 없었으면 좋겠다는 생각이 들 정도로 고통스러웠다. 다행인 것은 개방성 골절이 아니라는 것. 불행한 것은 왼팔 두 가닥 뼈가 모두 부러져서 1주일 뒤에 수술해야 한다는 것이었다.

진료를 마치고 입원실로 올라갔다. 내 옆자리에는 다리가 부러져서 온 사람이 누워 있었는데, 족구하다가 부러졌다고 했다. 족구가 그렇게 위험한 스포츠였나 의아했는데, 그 사람 이야기를 들어보니 나랑 다친 이유가 비슷했다. 담배를 피우면서 족구를 했는데, 네트 근처에 뜬 공을 처리하기 위해 막 앞으로 뛰어나가다가 관성을 이기지 못하고, 네트에 걸려 넘어졌다. 그때 그냥 손으로 땅을 짚고 넘어졌으면 크게 다치지 않았을 텐데, 손에 들고 있던 담배가 마지막 담배라서 담뱃불 안 꺼트리기 위해 번쩍 들고 넘어졌고, 그렇게 넘어지다가 땅에 튀어나온 돌에 잘못 부딪혀서 다리뼈가 부러졌다고 했다. 이 이야기를 들으며 다시 한번 생각했다. 역시 억지로 버티는 것보다 자연스럽게 흘러가는 것이 좋을 것 같다고.

드라마 〈미생〉을 보면 이런 대사가 나온다. "순류에 역류를 일으킬 때 즉각 반응하는 것은 어리석다. 상대가 역류를 일으켰을 때 나의 순류를 유지하는 것은 상대의 처지에서 보면 역류가 된다." 세상은 어떻게 보면 흘러가는 대로 두는 것이 가장 좋을지도 모른다. 주변 상황이 어떻게 되든지, 내가 어떤 상황에 있든지, 나의 자연스러움을 그대로 유지하면 모든 것이 잘 풀릴 가능성이 높다.

'자연'은 '스스로 그러하다'라는 의미이다. 내가 노력하고 바꾸는 것이 아니라 타고나기를 그렇다는 것이다. 내가 넘어지게 되었다면, 그대로 넘어지는 것이 가장 안전하다. 괜히 넘어지지 않겠다고 자연스럽지 않게, 역류를 일으키면 더 큰 화를 불러올 수 있다. 상대가 나에게 잔소리를 하거나 괴롭힐 때도, 거기에 역류를 일으켜 즉각 대응하는 것이 아니라, 내가 하던 대로 자연스럽게, 순리대로 지내면 큰 무리가 없이 저절로 잘 풀릴 수 있다.

 왼팔 뼈가 부러진 것도 어느새 20년이 다 되어 간다. 내 왼팔에 남아 있는, 약 50 바늘 정도의 상처를 보며 나는 오늘도 자연스럽게, 순류처럼 살자는 생각으로 마음을 다잡는다. 아무리 주변에 역류가 많이 일어나더라도, 나를 괴롭히고, 힘들게 하는 일이 많이 일어나더라도, 그래서 가끔 마음이 무너져서 내 마음속 역류가 용솟음치더라도, 왼팔의 상처를 보며 그날 뼈가 부러져서 비명조차 내지 못한 고통을 떠올린다.

몸, 세상과 잇는 문

Jeiya

하루하루를 소중히 여기며, 삶의 조각들을 꿰매어 신체와 마음, 세상과 사람을 잇는 글을 짓는 사람. 에세이 『오늘; 지금 시간이 흐르고 있는 이날』, 『충분했던, 그 순간』 출간 우리의 몸은 단순한 물질의 조합이 아니다. 신체는 세상과 호흡하고, 삶에 의미를 부여하며, 존재의 자취를 남긴다. 머리는 사유를 빚고, 눈은 진실을 담아내며, 가슴은 사랑의 떨림을 품는다. 발은 미지의 길을 향해 조심스레 첫걸음을 내딛고, 귀는 지나간 시간의 메아리를 들려준다. 이렇듯 몸의 모든 부위는 저마다의 언어를 지니고, 생각을 담고, 마음을 드러내며, 때로는 몸을 지키고, 사랑을 건네고, 길을 제시하고, 추억을 간직한다. 나는 내 몸 구석구석을 들여다보며 내가 어떻게 살아왔는지를 마주하게 되었다. 그 안에는 내 생각과 시간, 살아왔던 방식, 그로 인해 얻은 결과들이 고스란히 담겨 있다. 나는 내 몸을 통해 세상과 연결되기 위해, 때로는 치열하게, 때로는 느슨하게 살아왔다.

내 안에 세계를 넓히며

 어릴 적, "머리가 좋다."라는 말을 들은 적이 있다. 아마도 아이들에게 흔히 건네는 칭찬 가운데 하나였을 것이다. 하지만 그 말은 어린 나에게 뭔가 특별하다는, 설명할 수 없는 자신감이 마음속에 스며들었다. 그렇게 나는 '괜찮은 머리' 하나쯤은 타고났다는 착각 속에서 오래 머물렀다. 그 착각은 한동안 노력 없이도 살아갈 수 있다는 자만으로 살게 했다. 하지만 한때 맑았던 두뇌는 흐려졌고, 깊이를 자처하던 사고는 얕고 산만해졌으며, 집중력은 물 위에 뜬 먼지처럼 흩날렸다. 결국 남는 건 이 질문 하나였다.
 "나는 나를 위해 무엇을 해왔는가."
 그 물음 앞에서 나는 잠시 말을 잃었다. 쌓아 올린 줄 알았던 자부심은 스스로의 노력이 아닌 타인의 말에 기대 만든 허상에 불과했다. 오만했던 태도는 지금의 내 자리를 정직하게 비추는 거울이 되었다.

머리는 단순한 장치가 아니다. 그것은 몸의 컨트롤타워이자, 인간이라는 존재가 세계를 인식하는 첫 관문이다. 생각을 빚고, 감정을 감지하며, 내면에서 세계로 통하는 문을 연다. 그 안에서 정신은 방향을 잡고, '마음'이라는 이름의 빛을 얻는다. 그 빛이 곧 우리의 시선이 되고, 언어가 되며, 결국 삶의 태도가 된다.

좋은 것을 보고, 듣고, 먹고, 배우는 일은 단순한 취향이 아니라, 정신을 가꾸는 기초 체력이다. 이 세계를 더 깊이 들여다보고, 더 멀리 상상하기 위해서 우리는 스스로에게 더 좋은 자극을 건네야 한다. 그 모든 경험은 머릿속에서 빛을 이루고, 삶을 단단하게 만든다. 하루를 채우는 사소한 루틴 하나하나가 결국 삶의 결을 바꾸는 것이다.

그래서 이제는, 과거의 자부심이 아니라 지금의 성실함을 더 믿고 싶다. 수면과 운동, 영양이라는 기본부터, 독서와 사유라는 내면의 체온까지 나는 나를 다시 공부할 것이다. 내 안의 우주를 더 넓고 깊게 빛기 위해서 그리고 끝내는 이 물음

하나를 품으며 살아가려 한다.
"지금 내 머릿속은 어떤 빛으로 물들어 있는가?"

흐려진 시야, 맑아진 마음

쉰 해를 넘기며, 몸은 서서히 속삭이기 시작한다. 하나둘, 불편함이 스며들며 세월의 무게를 알려준다. 중학교 시절, 세상을 뚜렷이 보기 위해 처음 안경을 썼던 그 순간부터, 시력은 점점 더 흐릿해져 갔다. 노안이 찾아오니 가까운 것도, 먼 것도, 선명히 잡히는 것이 없다. 책을 읽거나 핸드폰을 들여다볼 때, 안경을 들쳤다 내렸다 반복하며 나이 듦을 고스란히 드러낸다. 값비싼 다초점 렌즈마저 세월의 흐름을 막아내지 못하고, 눈앞 세상은 희뿌옇게 물들어 간다.

보이는 것만으로도 두려움이 밀려오는데, 보이지 않는 것에 대한 두려움은 더 깊다. 그럼에도 세상은 화려한 볼거리로 가득하고, 나는 여전히 그 빛에 눈을 혹사시킨다. 하지만, 이건 아니다 싶다. 요즘은 안경을 벗고 지낼 때가 많다. 흐릿한 시야 속, 오히려 마음은 편안해진다. 두려움 속으로 성급히 걸어 들어가기보다는, 천천히, 부드럽게 나아가는 길을 택한다. 너무 뚜렷이 보려 애쓰다 눈살을 찌푸리기보다, 그저 '그럴 수도 있지.' 하며 받아들이는 마음이 커진다.

눈에 보이는 것만 믿는 삶은 이제 놓아도 좋다. 보이지 않아도 믿을 수 있는 것들 즉, 따뜻한 말 한마디, 손끝에 닿는 온기, 마음으로 느끼는 사랑을 곁에 두면 된다.

눈은 세상의 문이다. 나이 들며 흐려지는 시야는 불편함이 아니라, 새로운 깨달음이다. 뚜렷함이 전부가 아니라는 것, 중요한 건 어떤 마음으로 바라보느냐는 것. 눈은 아픔을 공감하고, 사랑을 발견하며, 희망을 찾아낸다. 그 깊은 곳에서 통찰이 피어나고, 세상과 나를 잇는 다리가 놓인다.

기울어진 시간 위에서, 다시 서다

새해의 문턱, 희망의 첫걸음을 내딛으려던 순간, 운명은 예고 없이 나를 미끄러뜨렸다. 마트 에스컬레이터의 젖은 발판을 눈치채지 못한 내 부주의가 불씨가 되었지만, 그 뒤로 밀려든 시련은 너무도 가혹했다. 몸이 허공에 뜨는 찰나, 본능적으로 머리를 지키려 왼쪽 손을 짚었고, 곧바로 엉덩방아를 찧으며 바닥에 나동그라졌다. 짧은 순간, 오만 가지 두려움이 파도처럼 밀려왔다. 엉덩이뼈가 부서졌다면, 머리를 부딪쳤다면, 허리가 꺾였다면 어쩌나. 신년을 맞아 요리를 준비하며 웃음 짓던 가족의 기쁨은? 1월 내내 이어질 보고와 회의는? 내게 마음을 열고 상담을 기다리던 이들은? 그리고 왜, 또 나에게 이런 일이? 날카로운 통증이 밀려오며 가슴을 죄어왔다.

남편과 아이의 창백한 얼굴이 눈앞에 아른거렸다. 통증보다 더 무거운 죄책감이 나를 짓눌렀고, 눈물조차 삼켜야 했다. 병원으로 향하는 차 안, 차가운 유리창에 이마를 기댄 채 상황을 되짚었다. 아무리 곱씹어도 이건 그저 운이 나빴던 탓일 뿐이었다. "침착해, 괜찮아." 속으로 수백 번 되뇌었다. 이 시련에도 의미가 있을 거라, 내가 잘못 살아서 벌어진 일이 아니라며 스스로를 다독였다. 감정의 나락으로 떨어지지 않으려 애썼다.

아픔을 죄처럼 여기는 건 오래된 내 버릇이다. 태어날 때부터 선천성 심장병을 안고 나와 늘 주변에 걱정을 끼쳤고, 누군가의 일상을 희생하게 했으며, 넉넉하지 않은 살림에 돈도 많이 들었다.

"빨리 건강해져야지, 너희 부모가 무슨 죄냐. 엄마도 좀 편하게 살아야지."라고 아픔을 질책하는 듯 말하던 지인들의 한숨에 나는 땅으로 꺼져 들어가는 것 같았고, 그런 지인들에게 아이에게 무슨 그런 소리를 하느냐며 소리치며 울고 나를 끌어안던 엄마에게 그저 미안한 마음이었다. 태어난 게 잘못이라는 생각마저 들었다. 엄마의 기도가 하늘에 닿았는지, 아무도 살 수 있을 거라고 생각지 못했던 내가, 기적적으로 수술에 성공하며 삶을 이어갔다. 새 생명을 얻은 나는 어린 마음에도 더 이상 아프면 안 된다고 결심했지만 그건 바람일 뿐이었다. 대신 나는 웬만한 아픔은 참고 견디며, 주변에 폐 끼치지 않기 위해 애썼다. 더는 가족들이나 누구라도 힘들게 하고 싶지 않았기 때문이다.

문제는, 선천적인 건 어쩔 수 없어도 내 부주의로 인해 생긴 일의 여파는 생각보다 버겁고 아팠다. 통증을 꾹 참으며 고개를 숙인 내게, 남편은 걱정하지 말라며 어깨를 다독이고, 누구의 잘못도 아니라고 다정히 말했다. 아프면 아프다고 말해도 되고, 울어도 된다고.

그 말에 눈물이 핑 돌았다. 고개를 들어 주위를 바라보니, 모두가 통증에 얼굴을 찡그리고 있을 뿐, 나처럼 죄책감에 눌려 있는 이는 없었다. 입원 수속을 마치고, 수술 전 검사를 거쳐, 한 해의 마지막 날 수술대에 올랐다.

1월 1일, 몽롱한 정신 속에서 병원식 떡국을 한 술 떠 입에 넣었다. 기가 막혔다. 감상에 젖으면 끝없이 가라앉을 것 같아, 얼른 회복해야 한다는 마음으로 뜨거운 국물을 후후 불어가며 식판을 비웠다. 아플 때면 늘 떠오르는 엄마의 정성 어린 밥상, 혀끝에 맴도는 추억의 맛이 눈물을 불러왔지만, 꾹 눌러 참았다.

무통 주사와 항생제 덕에 하루의 절반을 잠으로 보냈다. 다행히 부러진 손목이 오른쪽이 아니어서, 직장에 복귀해도 일을 수월히 할 수 있을 것 같았다. 밥을 먹고, 책을 읽고, 글을 쓰거나 문자를 남기는 일도 자연스럽게 할 수 있음에 감사했다. 불행 중 다행이었다.

살면서 세 번의 골절을 겪었다. 세 번의 골절은 기묘하게도 연말, 생일, 오랜만의 여행을 꿈꾸던 순간에 찾아왔다. 내 일상뿐 아니라 가족의 기쁨까지 앗아간 그 순간들은 미안함으로 가득했다. 그래서 요즘은 넘어지지 않으려 근력 운동에 매진하고, 땅을 꼼꼼히 살피며 걷는다. 천천히, 조심스레. 뼈는 나를 지탱하는 단단한 기둥이지만, 방치하면 쉽게 깨진다. 뒤늦게나마 단련의 필요성을 뼈저리게 깨달았다. 내 모든 일상을 멈추게 한 그 자리에서.

이일을 계기로 PT를 받기로 결심했다. PT를 받으며 알게 된 것은 근육은 내 안의 전사라는 거다. 세상으로 나아가게 하는 힘, 위험에서 나를 지키는 방패. 알면서도 실천하지 못했던 것을, 상처를 입고 나서야 결심했다. 근테크는 땀과 노력, 좋은 트레이너와 그에 따른 비용이 필요하다. 레슨을 알차게 활용하며, 할 수 있을 때 집중해서 배우기로 마음먹었다. 근육은 단순한 힘이 아니다. 나를 일으키고, 세상과 맞서는 용기다. 헬스장에서 흘린 땀은 나를 지키는 맹세였다.

거울 속의 서사, 늙지 않는 마음

 거울 속에서 마주한 나는, 아직 젊음의 잔영을 붙잡고 싶어 하는 얼굴이었다. 주름진 피부 위로 세월의 흔적이 고요히 새겨져 있었다. 검버섯과 기미는 마치 삶의 무게를 조각한 듯, 나를 정직하게 비추었다. "나이보다 젊어 보인다."라는 말, '주름은 삶의 아름다운 이야기'라는 위로는 달콤하지만, 내 마음은 그 말 뒤에 숨은 진실을 안다. 어쩌면 나는 여전히 '예쁘다'라는 한마디를 갈구하는, 욕심 많은 나 자신일지도 모른다.

 나는 내 나이를 슬퍼하고, 때로는 부정한다. 선천적 질환으로 꿈을 억눌러야 했던 시간들, 빈곤 속에서 젊음의 빛나는 순간을 누리지 못한 아쉬움이 가슴 깊이 남아 있다. 그 시절, 예쁜 옷 한 벌로도 빛날 수 있었던 날들을 떠올리며 한숨짓는다. 이제 조금 여유가 생겼지만, 세월은 나를 이 거울 앞에 덧없이 데려다 놓았다.

 마음이 더 중요하다는 말은 쉽지만, 얼굴은 단순한 겉모습이 아니다. 얼굴은 우리의 이야기를 품은 거울이다. 말하지 않아도, 주름 하나, 표정 하나가 우리의 삶과 믿음을 고스란히 드러낸다. 사랑과 고난, 기쁨과 아픔이 그 위에 새겨져 있다. 하지만 이 세상은 얼굴에 무거운 잣대를 들이댄다. '호감 가는 얼굴'을 넘어, '아름다워야만 한다'라는 무언의 강요가 우리를 짓누른다. 그래서 우리는 때로 남의 얼굴을 빌려 쓰려고 한다. 그 선택을 마냥 나쁘다고 할 수 있을까? '보기에 좋음'이 마음의 문을 여는 열쇠가 되는 현실 속에서, 그건 어쩌면 자연스러운 몸짓이다.

 거울 속 내 얼굴은 점점 더 세월의 무게를 드러냈다. 다이소의 미용 코너를 서성였다. 처진 볼살, 늘어가는 기미. 시간을 거스를 수는 없지만, 그래도 조금이라도 붙잡고 싶었다. 고급 피부샵도, 값비싼 화장품도 아닌 다이소에서 답을 찾으려니 마음 한구석이 쓰렸다. 제품의 질이 다를 바 없다고 스스로를 위로하지만, 다음 달 공과금을 떠올리며 지갑을 열기가 망설여진다. 그래도 몇 개를 조심스레 골랐다. 완벽한 리프팅은 아니어도, 나를 돌보려는 이 마음만큼은 늙지 않기를 간절히 바랐다.

 화장은 여전히 서툴다. 화장대 앞에서 눈썹을 그리다 한숨이 새어 나온다. 요래조래 정성껏 꾸며봐도 한 시간 만에 흐트러지는 얼굴을 보며 작게 웃는다. 남편은 "화장 없는 네가 더 예쁘다."라며 웃지만, 그 말에 살짝 스치는 장난기 어린 얄미움이 느껴진다. 눈썹 문신을 고민했지만, 통증이 두려워 망설였다.

 거울 속 나를 보며 생각한다. 이 얼굴은 단순한 외모가 아니다. 내 삶의 서사이고, 내가 사랑한 흔적이며, 내가 견뎌낸 시간의 증거다. 늙고 싶지 않은 마음은, 어쩌면 더 나를 사랑하고 싶은 간절함이다. 세월을 거스를 수는 없지만, 이 마음만큼은 영원히 젊기를 소망한다.

손끝에서 시작된 여정 ;
삶의 균형과 자유를 찾아

"손이 참 예쁘시네요. 고생하며 자랐을 것 같지 않은 길고 섬세한 손가락, 단정한 손톱. 이렇게 작은 손으로 어쩌면 그렇게 많은 일을 해내셨어요?"

간호사 시절, 환자분의 그 칭찬이 아직도 귓가에 맴돈다. 작고 단정한 손끝에서 시작된 삶이었다. 손은 늘 가장 먼저 움직였고, 가장 늦게 멈췄다. 상처를 닦고, 체온을 재고, 위로를 건네던 손. 그 손이야말로 내가 누구인지, 어떻게 살아왔는지를 가장 분명히 말해주는 증거였다.

오랜 간호사 생활 동안 나는 무언가를 늘 '해야만 했다'. 누군가를 돌보는 일은 아름답지만 결코 가볍지 않다. 책임은 쌓였고, 내 어깨 위의 무게도 자라났다. 하지만 그 모든 무게를 지고서도 나는 흔들리지 않으려 애썼다. 발끝에 힘을 주고, 버텼다. 아픈 이를 돌보는 시간 사이사이, 나 자신은 점점 뒤로 밀려났다.

그렇게 하루하루를 살아내다 어느 순간 문득, 나는 내가 어디쯤 서 있는지 궁금해졌다. '나는 괜찮은가?'라는 물음이 내 안에서 자라났다. 아이가 대학생이 되면서 가계의 책임이 여전했지만, 나는 조심스레 내 삶의 균형을 되찾고 싶다는 마음을 꺼냈다. 퇴사를 결심했을 때, 세상은 쉽사리 나를 이해하지 않았다. 이제부터는 적당히 하고 살라거나 지금 퇴사하기에는 맡은 직책이나 이뤄놓은 성과가 아깝지 않냐며 말리는 선배나 동료들도, 돈 떨어져야 정신 차린다며 현실을 일깨우는 친구들도 있었다. 누군가는 갱년기 호르몬이 내 판단을 흐렸다고 분석했고, 또 누군가는 늦기 전에 하고 싶은 걸 해보라며 응원했다. 결국 나를 가장 단단히 지탱한 건 '내 안의 목소리'였다. 인생에서 한 번쯤, 아무것도 하지 않아도 되는 삶을 꿈꿔도 괜찮다고.

모든 것을 내려놓고 퇴사했다. 화려한 무지갯빛 미래까지 꿈꾼 건 아니었지만, 당당히 마무리한 1막을 지나 제2막의 삶을 음미할 틈도 없이 연이어 폭풍처럼 휘몰아치는 현실이 나를 덮쳤다. 예상치 못한 친척의 병환, 그로 인한 시댁과의 갈등, 흔들리는 재정과 공허한 하루들. 마치 손에서 모든 걸 놓아버린 듯한 느낌이었다. 예쁘다고 칭찬받던 손에 네일 아트를 받으며 여행 다니며 "잘 먹고 잘살았습니다."로 끝나는 동화 같은 삶을 상상했지만, 현실은 전혀 달랐다. 친구들은 각자 바쁘기도 하고 그들 나름의 사연들로 내 하소연까지 들어줄 여유조차 없어 보였다. 만남이 뜸해지니 나를 꾸미고 가꾸는 이유도 점점 흐려졌다.

그렇게 혼자라는 느낌이 짙어질 무렵, 비록 누구보다 강한 사람이 되려 애쓰던 내가 맞지만, 한 번은 크게 엉엉 소리 내 울기도 했고 지금은 힘들다고 손을 뻗어 지면에 썼다. 불안과 고단함 속에서도 나는 멈추지 않았다.

'이 삶을 다른 누군가가 대신 살았다면, 아마 나처럼 버티지 못했을지도 모른다. 그래, 나는 나니까.'

쓰다 보니 힘들어도 최악은 아니라는 마음이 나를 다시 일으켰다. 손가락을 움직여 좋은 이야기든 아픈 이야기든 뭐라도 써 내려갔고, 불행으로 기울어지지 않도록 균형을 맞추려 했다. 작은 글 한 줄에도 숨을 불어넣고, 다시 희망을 꾹꾹 눌러

담았다. 손끝에서 시작된 이 여정이야말로, 어쩌면 진짜 '나로 살아가는' 출발점이었을지도 모른다.

지나친 자기연민은 독이다. 그 독을 빼내는 법은 책에서 얻은 지혜와 내가 걸어온 시간 속에 있었다. 책에서 배운 것을 삶에 적용하는 것, 글을 쓰면서 답을 찾는 것, 그게 내가 선택한 방식이었다. 책을 펼치고, 글을 쓰고, 가족과 대화를 나누었다. 남편도 집안 사정에도 불구하고 뒤로 물러서려는 시댁 식구들을 설득하고, 역할을 나누며 돕는 방법을 찾기 위해 고군분투했고, 아이는 어수선한 분위기 속에서도 묵묵히 자신의 일을 해냈다. 함께라면 못 할 게 없다는 걸 우리는 경험했다.

삶은 불확실성의 연속이다. 원하든 원치 않든 사건은 터지고, 그때마다 우리는 회피하거나 맞설지를 선택한다. 나는 피하는 법을 모른다. 피한다고 해결되는 게 아니라, 언젠가 더 크고 아픈 모습으로 돌아온다는 걸 알기 때문이다. 힘이 남아 있을 때 과감히 마주하고, 극복하고, 회복하는 과정을 반복하는 게 인생이다.

시간은 흘렀고, 끝이 보이지 않던 시련의 실타래도 서서히 풀리기 시작했다. 굳게 닫혀 있던 몸의 긴장이 조금씩 풀어지고, 어느새 얼굴 위엔 잊고 지냈던 미소가 번져갔다. 이제야 비로소, 나를 위한 숨을 쉬고, 나를 위한 시간을 살며, 나를 위해 살아가는 자유로운 여정이 시작되었다. 자유란 모든 것을 놓아버리는 것이 아니라, 다시 붙잡고 싶은 것만을 단단히 쥘 수 있는 용기. 오늘도 나는 이 손끝으로, 조심스럽게 그러나 분명하게 한 걸음을 내디딘다. 균형을 지키며, 자유를 향해 나아간다.

몸은 우리의 생각과 믿음을 세상에 펼치는 캔버스이자 무대다. 열정과 좌절, 아픔과 강인함, 실패와 회복의 흔적이 고스란히 새겨진다. 세상과 이어지는 순간, 우리 몸은 삶의 증언자가 된다. 남들과 다른 신체적 결함이나 아픈 몸을 가진 이들도 역시 사랑받고 싶은 마음은 여전히 뜨거울 것이다.

내 몸은 추억의 기록이자 미래의 희망을 품은 이야기 한 장이다. 때로는 상처로 얼룩졌고, 때로는 용기로 빛난다. 이 몸을 사랑하는 일은, 세상을 헤쳐나갈 용기를 찾는 일이다. 내 몸에 깃든 모든 순간을 끌어안고, 나는 오늘도 한 발짝 내디딘다.

내 몸이 기억하는 것

작가의 말

작가의 말 • 김미진(happywriter)

 이 책은 나를 이해하기 위한 짧은 기록이다. 나는 몸에게 말을 걸고 나를 마주했다. 문득 거울 속 나를 바라보던 어느 날, 내 몸이 그동안 얼마나 많은 이야기를 품고 있었는지를 깨달았다. 무심히 지나쳤던 통증, 스쳐 지나간 감각, 아무 말 없이 견뎌준 신체의 부위들이 말없이 나를 지탱하고 있었다. 쓰면서 깨달았다. 몸은 내가 소중하게 생각하지 못하고 혹사하는 순간에도 내내 나를 품고 껴안아 주었다는 사실을. 내 몸의 변화에는 나만의 이야기, 흔적들이 있었다. 내 몸과 관련해 그동안의 기억과 감정을 꺼내 적어 내려갔다. 때로는 부끄럽고, 때로는 따뜻한, 때로는 말없이 울컥했던 순간들이 다시 내게 말을 걸어왔다. 아프고, 견디고, 묵묵히 함께해 준 몸과 대화를 나누며 자신을 더 이해하고 사랑하게 되었다. 이 책을 읽는 이가 몸과 마음에 귀를 기울여 스스로를 바라보는 작은 계기가 되었으면 좋겠다. 몸을 통해 나를 이해하는 이 조용한 기록이 당신에게 위로가 되기를. 우리는 여전히 아름답고, 충분히 괜찮다. 변해가는 신체 변화 속 내 마음에 집중하자. 신체가 대신 전하는 내 마음의 말에 귀를 기울이자. 나를 가만히 들여다보며 나를 마중 가는 중인 나와 여러분들을 격하게 응원한다.

김미진(happywriter) blog.naver.com/happysmilewriter

작가의 말 • 김수지

 두 번의 출산을 겪으며 내 몸은 아주 천천히, 그리고 깊게 달라졌다. 예전의 내 몸을 그리워한 적도 있었고, 변화된 모습을 미워한 적도 있었다. 하지만 어느 순간부터 그 모든 흔적들이 내가 걸어온 시간의 기록이라는 걸 알게 됐고, 이 글은 그런 내 몸에게 건네는 작은 고백이다. 고생했어, 고마워, 이제 괜찮아. 그리고 같은 시간을 지나고 있는 누군가에게도 이 말을 꼭 전하고 싶다. 지금의 너도 충분히 아름답다고, 완벽하지 않아도, 느슨하고 울퉁불퉁해도 그 모습 그대로 소중하다고, 몸을 안아주는 건 결국 나 자신을 안아주는 일이니까. 이 책이 그 따뜻한 시작이 되었으면 한다.

작가의 말 • 김연우

　기억은 마음과 몸의 기록보관소다. 그래서 마음과 몸의 상처는 우리의 기억에 문신처럼 새겨져 있기도 하다. 기억의 가장 깊은 층위에 스며들어, 습관과 사고방식을 조금씩 바꿔놓는다. 조용하고 은밀하게, 그러나 분명하게.

　출산, 화상, 절단처럼 극적인 사건이 아닐지라도, 작은 생채기 하나일지라도, 그것이 남긴 흔적은 사소하지 않다. 상처의 흔적은 일상을 넘어 때로는 가치관과 삶의 구조까지 바꿔놓기 때문이다. 마치 나비 효과처럼. 아주 작은 것이 큰 변화를 일으키듯이.

　몸은 말이 없다. 그러나 언제나 진실하다. 그리고 진실한 것들은 늘 늦게야 모습을 드러내곤 한다. '하이힐 고백록'과 '아작아작, 와작와작, 우두둑!'. 이 두 가지 일화는 나의 늦은 깨달음에 관한 기록이다. 나의 이야기가 몸의 진실과 마주하는 작은 계기가 된다면 좋겠다. 이제 당신의 몸이 들려주는 속삭임에, 귀를 기울여 보자.

작가의 말 • 이경란

 신체와 관련된 글을 쓰면서 '내 몸, 임자를 잘 만나야'라는 큰 주제를 잡았다. 나의 몸과 영을 분리해서 생각해 보고 싶었다. 내 몸을 좀 더 객관적으로 살펴보고 싶은 마음도 있었다. 언젠가 나는 나의 몸을 떠난다. 그 시간을 생각하며 주제를 정했다. 누군가로부터 부여받은 내 몸을 함께 하고 있는 동안 어떻게 다루고 있는지를 생각했다. 나는 나의 몸에 대해 그리 다정한 편이 아니었던 것으로 생각된다. 항상 주변의 상황에 이끌려 내 몸, 나 보다 다른 일이 중심이었다. 그 일에 이끌려 내 몸에 관심 주지 못했던 적도 많다. 나를 돌아보는 계기가 된 듯했다. 내 발에, 내 손에 그리고 내 몸 곳곳을 보면서. 나의 삶도 그러했다는 것을 깨달았다. 나를 돌보며 주변을 살펴야 하나 주변에 이끌리어 정작 내 몸을 살피지 못했다. 나를 잘 살필 때 주변도 좀 더 안정되게 잘 살필 수 있으리라. 나와 함께 하고 있는 내 몸, 함께 하고 있는 동안 좀 더 다정히 존중하며 잘 사용해 주리라 마음먹는다. 내 몸, 임자를 잘 만나야.

작가의 말 • 전지적 아아

 몸 바깥에서 주는 감각에 예민한 편이다. 조금만 큰 소리가 나도 그곳에 정신이 집중되고, 조금만 밝은 빛을 봐도 날카로워진다. 약간의 고통도 받는 것을 정말 싫어하고, 뜨겁거나 차가운 음식도 입에 잘 못 댄다. 그리고 다시 돌이켜 생각해 본다. 감각에 예민하다는 것은 결국 신체에 가해지는 여러 자극에 예민하다는 말이다. 그러면 나는 내 신체에 예민한 사람. 그래서 몸에 새겨진 여러 감각과 섞인 기억을 잘 잊지 못한다. 그 사람의 따뜻했던 체온, 차갑게 돌아서며 던진 말, 기숙사에서 겪었던 고열. 특히 고통과 함께한 기억은 늘 강하게 내 몸에 남아 있다. 그리고 나를 점점 겁쟁이로 만든다. 가장 강렬하게 남은 겁쟁이의 고통. 아직도 모든 면에서 조심하면서 살게 된, 그러면서 자연스럽게 흘러가듯 살고 싶다고 생각을 하게 된 이야기를 어딘가에 남기고 싶었다. 함께 내 고통을 본 너는 어떤 기분일까?

작가의 말 • 차다빈

"행복해?"라는 말을 들으면, 선뜻 "응, 행복해."라고 대답하지 못한다. 나에게 '행복'은 아직 기준이 모호한 감정이다. 그래서 나는 종종 감정의 결계가 흐릿한 사람이라 느낀다.

이 글을 쓰며, 지나간 과거와 다가올 시간을 살아가는 '나'에 대해 조심스레 다가가 보는 시간을 가졌다. 가슴 깊이 묻어두었던 기억과 감정들, 그리고 스쳐 지나갔던 마음들이 지금의 나를 만들고 있었고, 그 조각들은 몸 곳곳에 파편처럼 박혀 있거나, 희미하게 남아 있기도 했다.

그렇게 쌓여온 감정들 탓에 나는 종종 나를 이해할 수 없었고, 사랑하기도 어려웠다.

나는 여전히 나를 잘 모른다. 하지만 이제는, 조금씩 알아가고 싶다. 스쳐 간 감정들을 다시 들여다보고, 몸에 남은 그 흔적들을 하나씩 찾아 사랑해 보려 한다.

차다빈 Instagram @10second.poem

작가의 말 • 홍우주

 누구에게나 그런 순간이 있지 않을까. 속눈썹을 바라보다 마음이 흔들리고, 입술 끝에서 멈춘 고백을 곱씹고, 이마에 닿았던 온기를 오래도록 되새기게 되는 순간. 손바닥에서 터진 심장의 고동을 놓치고 싶지 않아, 나는 그 감각을 오래 붙잡았다.

 사랑은 말이나 감정이 아니라, 몸에 새겨지는 촉감에 가까웠다. 눈에 머무르고, 입술에 닿고, 피부를 따라 마음에 스며들었다. 내 몸이 기억한 감각의 흔적을 따라, 나는 그 사랑을 다시 더듬었다. 이 글은, 내가 사랑을 몸으로 받아들이고, 촉감으로 기억하고, 말로 꺼내는 과정을 따라간 기록이다.

 지금도 나는 그 순간들을 기억하기 위해, 계속 사랑하기 위해 글을 쓴다.

작가의 말 • Jeiya

 사랑하는 이와 그리운 사람들, 단골집, 소중한 물건, 아련한 옛 추억, 살기 위한 몸부림. 내 몸이 스친 자리마다 이야기가 남는다. 나의 시간이 머문 곳에서 누군가의 시간도 흐르고, 그 겹쳐짐 속에 '함께'라는 말이 피어난다. 신체를 통해 세상과 연결된 순간들을 이 앤솔로지에 담았다. 우리는 몸으로 서로를 지나치고 스며든다. 나는 그 흔적을 글로 길어 올려 기록하고, 누군가의 마음에 닿길 꿈꾼다.

| 내 몸이 기억하는 것
| 닫는 글

몸이 기억하는 감정,
나의 상처와 흉터,
낯선 몸과 마주함

 이 책에 담긴 우리 몸이 기억하는 문장과 순간들로 누군가는 거울을 바라보며 잊었던 감각을 떠올리길 바랐다. 숨겨진 상처가 있다면 보듬어 주고, 잊었던 기억이 있다면 추억해 주고, 몸의 언어와 마음의 소리를 느끼며 그 순간들을 기록해 주길 바랐다. 그렇게 자신의 몸이 기억하는 것을 찾다 보면 언젠가 스스로에게 "사랑한다."라고 말할 것을 믿었기에 이 책은 우리가 스스로에게 하는 말이지만 모두에게 건네는 이야기이기다.

"당신의 몸엔 어떤 문장과 순간이 있나요?"

책을 읽은 후, 당신의 몸에 담긴 문장과 순간을 찾았으면 좋겠다. 몸의 상처와 흉터, 그리고 낯선 순간을 모두 마주하고, 자신을 아끼며, 살아가길 바란다.

김미진(happywriter), 김수지, 김연우, 이경란
전지적 아아, 차다빈, 홍우주, Jeiya

내 몸이 기억하는 것

1판 1쇄 발행 | 2025년 8월 15일

지은이 | 김미진(happywriter), 김수지, 김연우, 이경란
전지적 아아, 차다빈, 홍우주, Jeiya

편집.디자인 | 새벽감성
발행인 | 김지선
펴낸 곳 | 새벽감성, 새벽감성1집

출판등록 | 2016년 12월 23일 제2016-000098호
주소 | 서울 양천구 월정로50길 16-8, 1층 새벽감성1집
이메일 | book@dawnsense1zip.com
홈페이지 | dawnsense1zip.com
인스타그램 | @dawnsense_1.zip

*책값은 표지에 있습니다.
*잘못된 책은 구입처에서 교환해 드립니다.
*이 책의 사진과 글의 전부 또는 일부를 발췌하거나 인용하려면
 반드시 새벽감성 출판사의 동의를 얻어야 합니다.